Busso Grabow
Rolf-Peter Löhr (Hrsg.)

Einzelhandel und Stadtentwicklung

Vorträge und Ergebnisse
einer Fachtagung

Difu-Beiträge zur Stadtforschung **1**
Deutsches Institut für Urbanistik

Impressum

Herausgeber:
Dr. rer. pol. Busso Grabow
Dr. jur. Rolf-Peter Löhr
Redaktion:
Dipl.-Pol. Beate Hoerkens
Isabell Stade
Textverarbeitung:
Marlen Petukat
Christina Vormelker
Umschlaggestaltung:
Johannes Rother, Berlin
Satz:
FotosatzWerkstatt, Berlin
Druck:
Gerhard Weinert, Berlin

CIP-Titelaufnahme der Deutschen Bibliothek

> **Einzelhandel und Stadtentwicklung :** Vorträge und Ergebnisse einer Fachtagung / Deutsches Institut für Urbanistik. Busso Grabow ; Rolf-Peter Löhr (Hrsg.). – Berlin : Difu, 1991
>   (Difu-Beiträge zur Stadtforschung ; 1)
>   ISBN 3-88118-167-9
> NE: Grabow, Busso (Hrsg.); Deutsches Institut für Urbanistik
>   <Berlin>: Difu-Beiträge zur Stadtforschung

Dieser Band ist auf Umweltpapier gedruckt.

© Deutsches Institut für Urbanistik
Postfach 12 62 24
Straße des 17. Juni 110/112
1000 Berlin 12
Telefon 030/39 001-0
Fax 030/39 001 100

Inhalt

Vorwort _____ 5

Zusammenfassung / Abstract _____ 7

Begrüßung und Einführung _____ 11

1. **Einzelhandel und Stadtentwicklung - Grundsatzreferate** _____ 19

   Karl-Heinz Niehüser
   Entwicklungstrends im Einzelhandel - Anforderungen an die Städte _____ 19

   Eberhard Kulenkampff
   Trends der Stadtentwicklung - Anforderungen an den Handel _____ 25

2. **Versorgung unter betriebswirtschaftlichen und städtebaulichen Gesichtspunkten** _____ 31

   Johannes Schnermann
   Entwicklungstrends im Einzelhandel _____ 31

   Irene Wiese-von Ofen
   Konzentration im Einzelhandel - Forderungen und Empfehlungen an die Städte _____ 35

   Helmut Bunge
   Ergebnisse der Arbeitsgruppe "Versorgung unter betriebswirtschaftlichen und städtebaulichen Gesichtspunkten" _____ 39

3. **Verkehr** _____ 43

   Thomas Werz
   Einzelhandel und Verkehr unter Berücksichtigung der BAG-Untersuchung Kundenverkehr _____ 43

   Norbert Göbel
   Verkehrspolitik - Das Beispiel der Stadt Freiburg im Breisgau _____ 55

   Dieter Kanzlerski
   Ergebnisse der Arbeitsgruppe "Verkehr" _____ 61

4. Stadtgestalt und Stadtmarketing — 65

Heinz Hermanns
Stadtgestalt und Stadtmarketing - Bedeutung und Funktion — 65

Gerd Rathmayer
City-Management — 68

Hubert Heimann
City-Management - Eine Chance für die Solinger Innenstadt — 78

Dieter Dellhofen
Aufgaben einer Gesellschaft für Stadtmarketing — 83

Rolf-Peter Löhr
Ergebnisse der Arbeitsgruppe "Stadtgestalt und Stadtmarketing" — 85

5. Planung und Standortwahl — 89

Paul-Heinz Vogels
Einzelhandelsentwicklung, Standortwahl und kommunale Planung — 89

Ulrich Kegel
Kommunale Strategien zur Planung und Steuerung der Einzelhandelsentwicklung — 97

Busso Grabow
Ergebnisse der Arbeitsgruppe "Planung und Standortwahl" — 99

6. Einzelhandel und Stadtentwicklung - Ergebnisse der Podiumsdiskussion — 103

Gerd Kühn
Ergebnisse der Diskussion - Resümee — 103

Anhang — 107

1. Beschlußvorschlag des Referates für Stadtentwicklung der Stadt Braunschweig zum Zentrenkonzept Einzelhandel — 108
2. Zentrenkonzept Einzelhandel der Stadt Braunschweig vom Dezember 1989 — 111

Verzeichnis der Referenten — 133

Verzeichnis der Teilnehmer — 135

Vorwort

Städte entstanden als Orte des Handels, als Umschlagplätze von Waren und Informationen. Diese wesentliche Funktion erfüllen sie auch heute noch. Vor allem der Einzelhandel in seinen vielfältigen Formen vom kleinen Fachgeschäft bis zum Warenhaus ist ein prägendes und belebendes Element der Städte.

Zwischen Einzelhandel und Stadtentwicklung besteht jedoch ein grundsätzlicher Konflikt: Wie groß darf oder muß das Ausmaß der Planung und Steuerung der öffentlichen Akteure sein? "Eingriffe in die freie Entfaltung des Marktes", "dirigistische Planung" oder "sozialistische Planwirtschaft" lauten die Vorwürfe mancher Einzelhandelsvertreter an die kommunale Seite; wildwüchsige Entwicklungen, Zersiedlung der Landschaft und die Zerstörung von gewachsenen Zentren- und Versorgungsstrukturen befürchten die Stadt- und Raumentwickler. Eine ganz besondere Aktualität gewinnt die Frage der Steuerung der Standortentwicklung des Einzelhandels außerdem mit der Entwicklung in den neuen Bundesländern.

Zu diesem Thema - "Einzelhandel und Stadtentwicklung" - fand Ende März 1990 in Berlin eine Fachtagung statt. Etwa 160 Teilnehmer - fast zu gleichen Teilen aus Stadtplanung, Stadtentwicklung, Wirtschaftsförderung, aus dem Einzelhandel und seinen Verbänden sowie aus verschiedenen Forschungseinrichtungen - kamen für zwei Tage im Ernst-Reuter-Haus zusammen. Veranstalter war das Deutsche Institut für Urbanistik in Zusammenarbeit mit der Forschungsstelle für den Handel und der Bundesforschungsanstalt für Landeskunde und Raumordnung. Das Bundesministerium für Raumordnung, Bauwesen und Städtebau unterstützte die Tagung finanziell.

Ziel der Veranstaltung war der Gedankenaustausch zwischen Vertretern des Einzelhandels und der Stadtentwicklung mit ihren teilweise ganz unterschiedlichen Vorstellungen über Probleme und Entwicklungsprozesse in Städten und Gemeinden. Die unterschiedliche Sicht der Dinge beschränkt sich dabei nicht nur auf Fragen der Versorgung und der Verkehrsplanung, sondern betrifft auch Fragen der Stadtgestaltung und des Stadtmarketing sowie der notwendigen Integration des großflächigen Handels in die städtebauliche Entwicklung. Zu diesen thematischen Schwerpunkten wurde auf der Tagung in vier Arbeitsgruppen diskutiert.

Die unterschiedlichen Standpunkte der jeweiligen Interessenvertreter, aber auch die gemeinsamen Positionen wurden unserer Meinung nach in den Beiträgen überzeugend herausgearbeitet. Bereits die einführenden Berichte, noch mehr aber die Diskussionen, zeigten in vielen Aspekten einen erstaunlichen und erfreulichen Konsens zwischen Vertretern des Einzelhandels und der Stadtentwicklung. Einigkeit herrschte vor allem darin, daß die Vertreter des Einzelhandels und der Kommunen sehr viel stärker als in der Vergangenheit das Gespräch miteinander suchen und sich dabei vergegenwärtigen sollten, daß die gemeinsame Verwirklichung einer abgestimmten Stadtentwicklungspolitik den individuellen Interessen des Handels und dem allgemeinen Interesse der Stadt am zuträglichsten ist.

Aus dem Verlauf der Tagung läßt sich eine zentrale Schlußfolgerung ableiten. Wenn sich der Einzelhandel seiner Verantwortung für die Stadtentwicklung bewußt wird und ein gewisses Ausmaß an Planung und Steuerung der öffentlichen Seite als notwendig und auch als hilfreich anerkennt, die Stadtentwicklung ihrerseits die berechtigten wirtschaftlichen Interessen des Einzelhandels berücksichtigt, wird die Grundlage für eine gedeihliche Zusammenarbeit im Interesse der Weiterentwicklung und Gestaltung von (er-)lebenswerten Städten gelegt. Die Dokumentation der Vorträge und der wichtigsten Ergebnisse der Tagung in diesem Band soll hierzu einen Beitrag leisten.

Berlin, März 1991   Dr. Busso Grabow
                                                                                  Dr. Rolf-Peter Löhr

Zusammenfassung

Zum Thema "Einzelhandel und Stadtentwicklung" fand im März 1990 in Berlin eine Fachtagung mit etwa 160 Teilnehmern statt. Ziel der Veranstaltung war der Gedankenaustausch zwischen Vertretern des Einzelhandels und der Kommunen mit ihren teilweise ganz unterschiedlichen Vorstellungen über Probleme und Entwicklungsprozesse in Städten und Gemeinden.

Hinter diesen kontroversen Meinungen steht der grundsätzliche Konflikt über das Ausmaß der kommunalen und regionalen Planung und Steuerung im Zusammenhang mit Einzelhandelsstandorten. Der Handel sieht hier vielfach entscheidende Beeinträchtigungen in seinen Entfaltungsmöglichkeiten, vor allem bei der Standortwahl oder in ökonomischen Belangen. Auf der anderen Seite widersprechen räumliche und strukturelle Entwicklungen im Einzelhandel häufig Konzepten und Leitlinien der Stadtentwicklung. Einige Aspekte seien dazu genannt:

- Es bildeten sich Konzentrationen von großflächigen Einzelhandelsbetrieben außerhalb der bestehenden Zentren. Die aus Sicht der Stadtentwicklung erwünschte Zentrenstruktur - orientiert an der Idee einer räumliche Schwerpunkte setzenden Versorgungsinfrastruktur - wird durch die teilweise ungeplanten und unvorhergesehenen Ballungen von Fach- und Verbrauchermärkten in Gewerbegebieten oder auf der grünen Wiese in Frage gestellt und gefährdet.

- Konzentration und Filialisierung führen vielfach zur Uniformität des Erscheinungsbildes des Einzelhandels nicht nur in den Innenstädten. Dagegen setzen städtebauliche Entwicklungsstrategien auf Erkennbarkeit, Identität und positiv wahrnehmbare Stadtgestalt.

- Geleitet von der Vorstellung des automobilen Verbrauchers, setzt der Einzelhandel vielfach auf eine möglichst gute Erreichbarkeit der Innenstadt und der Haupteinkaufsgebiete für den Autofahrer mit entsprechenden Parkmöglichkeiten. Dagegen sieht die Stadtentwicklung oft die verkehrsberuhigte Innenstadt mit optimalen Verkehrsverbindungen durch den öffentlichen Personennahverkehr (ÖPNV) als Ziel ihrer Bemühungen.

Zu diesen und anderen kontroversen Themenbereichen im Problemfeld "Einzelhandel und Stadtentwicklung", die Fragen der Versorgung, des Verkehrs, der Stadtgestalt und der Standortplanung und -entwicklung berühren, wurde auf der Tagung in Arbeitsgruppen diskutiert. Es gab eine Reihe von wichtigen Ergebnissen, die für den zukünftigen Diskussionsprozeß zwischen Einzelhandel und Stadtentwicklung hilfreich sein können.

Versorgung unter ökonomischen und städtebaulichen Aspekten

1. Die Konzentration im Einzelhandel ist eine nahezu zwangsläufige Entwicklung, die sich im Zusammenhang mit der Einführung des EG-Binnenmarktes weiter verstärken wird. Durch die unterschiedliche Firmierung einzelner Betriebe und Ketten der großen Konzerne wird das tatsächliche Ausmaß dieser Konzentration allerdings nicht sichtbar.

2. Die dezentrale Versorgung wird immer problematischer, da bei Gütern des täglichen Bedarfs Geschäftsflächen unter 200 Quadratmetern kaum mehr rentabel sind. "Tante-Emma"-Läden dienen inzwischen zwar auch noch der Versorgung; die soziale Funktion rückt aber zunehmend in den Vordergrund. Daher kommt auch die inzwischen häufiger zu hörende Forderung, diese Läden oder die Ladenmieten zu subventionieren.

3. Versorgungs- und Erlebnishandel entscheiden sich immer deutlicher für jeweils unterschiedliche Standorte. Die mit dem Auto erreichbaren Standorte werden vom Versorgungshandel bevorzugt, der damit allerdings für den nichtmotorisierten Verbraucher teilweise schwerer zugänglich wird. Der Erlebnishandel (Einkaufen auch als Freizeitbeschäftigung) konzentriert sich auf die Innenstadt, große Stadtteilzentren oder große, geplante Einkaufszentren. Diese Standorttendenzen korrespondieren im Grundsatz mit den Zielen der Stadtentwicklung.

4. Die Mietentwicklung in guten Einzelhandelslagen - vor allem in den Innenstädten - ist ein besonders kritischer Punkt. Weniger rentable Geschäfte und Branchen, oft alteingesessene Betriebe, werden verdrängt; dies ist einer der wesentlichen Gründe für die Angebotsverflachung in den Innenstädten. Hoffnungen, daß diese Entwicklungen zumindest gebremst werden können, sehen die kommunalen Vertreter vor allem darin, daß das Eigentum an Geschäftshäusern sich nicht weiter auf wenige finanzstarke Investoren konzentriert. Von seiten des Einzelhandels kommt häufiger das Argument, daß eine Flächenausweitung zur Eindämmung von Mietsteigerungen geeignet sei. Beide Erwägungen scheinen jedoch nicht allzu erfolgversprechend.

5. Generelle Richtzahlen sind sowohl aus Versorgungsgesichtspunkten als auch bei der Standortwahl des Einzelhandels unbrauchbar. Vielmehr sind in allen Fällen Individualanalysen angebracht.

Verkehr

1. Die Verkehrsproblematik im Zusammenhang mit dem Einzelhandel betrifft vor allem die Innenstädte und stark frequentierte Stadtteilzentren mit guten Geschäftslagen. Allerdings können - sofern Wohnlagen durch den Kunden- und Lieferverkehr betroffen sind - auch Standorte in Gewerbegebieten oder auf der "grünen Wiese" problematisch sein.

2. Wohnungsnahe oder verkehrsgünstig erreichbare Standorte des Versorgungshandels sind auch aus Sicht der Stadtentwicklung anzustreben. Damit werden sowohl der Einkaufsverkehr als auch der ökonomisch und ökologisch unsinnige Lieferverkehr in die Innenstädte und zentralen Einkaufslagen vermieden.

3. Obwohl vielfach damit argumentiert wird, ist der Handel nicht der wichtigste Verursacher des Autoverkehrs in der Innenstadt. Unter den möglichen Gründen für Fahrten in die City - wie etwa Behördengänge, Fahrten von und zur Arbeit - steht er erst an dritter Stelle.

4. Die "autogerechte Innenstadt" wird auch von den Vertretern des Einzelhandels nicht propagiert. Es bestand Konsens darüber, daß der Autoverkehr nicht die City überfluten sollte. Vielmehr ist es vor allem wichtig, daß die Innenstadt und die guten Verkaufslagen generell problemlos und attraktiv erreichbar sind, ob mit öffentlichen Nahverkehrsmitteln, dem Fahrrad, zu Fuß oder mit dem Auto.

Stadtgestalt, Stadt- und City-Marketing

1. Stadtmarketing ist ein neuer Ansatz in dem bekannten Themenfeld städtischer Öffentlichkeitsarbeit. Neu daran ist vor allem die starke Einbeziehung der privaten oder privatwirtschaftlichen Akteure, wobei der Einzelhandel eine wichtige Rolle spielt. Diese Ansätze von "private public partnership" scheinen erfolgversprechend. Dahinter steht die Erkenntnis, daß die Verfolgung eines städtischen "Gesamtinteresses" beiden Partnern Vorteile bringt.

2. Dem Stadtmarketing kommt unter anderem die Aufgabe zu, Bedeutungsverlusten der Kernstädte gegenüber dem Umland entgegenzuwirken und die Konkurrenzfähigkeit gegenüber anderen Städten zu erhöhen. City-Marketing (City-Management) versucht dagegen, die Attraktivität, die Konkurrenzfähigkeit und das Image der Innenstadt zu stärken. Dabei müssen allerdings jeweils individuelle Konzepte maßgeschneidert werden.

3. Auch das City-Management basiert auf dem Prinzip des "private public partnership". Zu den wesentlichen Aufgaben gehören die Mitwirkung an der Entwicklung von Innenstadtkonzepten, die Durchführung entsprechender Bürgerbeteiligungen, die Beratung potentieller Investoren, das Entwerfen von Werbe- und Imagekonzepten, eine Angebotsverbreiterung des Handels sowie Bemühungen um eine Verbesserung des Kulturangebotes.

4. Für die Finanzierung des Personaleinsatzes und der Werbe- und Gestaltungsmaßnahmen sollten neben der öffentlichen Hand verstärkt der Einzelhandel und das Dienstleistungsgewerbe mit herangezogen werden, da auch sie in starkem Maße von der erhöhten Attraktivität der Städte oder Innenstädte profitieren.

Planung und Standortwahl

1. Es wird mit einer weiteren Flächenzunahme im Einzelhandel in neuen oder veränderten Standortlagen gerechnet; die Öffnung des EG-Binnenmarktes spielt hierbei eine wichtige Rolle.

2. Die Entwicklung von Standort- oder Zentrenkonzepten ist notwendig und sinnvoll. Sie helfen, gewachsene Zentrenstrukturen in den Städten zu erhalten und möglicherweise neue Zentren zielgerichtet und innenstadtverträglich zu entwickeln. Gleichzeitig geben sie dem Einzelhandel Planungs- und Investitionssicherheit.

3. Interkommunale und regionale Kooperation ist in weit höherem Maße nötig als bisher; sie ist Voraussetzung für eine raumordnerisch und ökologisch vernünftige Standortentwicklung des Einzelhandels.

4. Negative Folgewirkungen des § 11 Abs. 3 der Baunutzungsverordnung (Ausweisung von Sondergebieten für großflächigen Einzelhandel), etwa "Bumerangeffekte" für die Innenstadt durch die Ansiedlung wenig innenstadtverträglicher Betriebe, sind nur bei fehlenden Standortkonzepten zu befürchten.

Die Vorträge und Ergebnisse der Veranstaltung geben ein umfassendes und zutreffendes Bild der Spannweite der Probleme und der teilweise kontrovers diskutierten Fragen. Sie zeigen jedoch auch, welche Bereiche konsensfähig (geworden) sind und wo Problemlösungen von Einzelhandel und Stadtentwicklung gemeinsam angestrebt werden können. Es werden erfolgversprechende Ansatzpunkte für eine weitere Zusammenarbeit zwischen Einzelhandel und Stadtentwicklung im Sinne der Weiterentwicklung und Gestaltung von (er-)lebenswerten Städten deutlich. Das Stichwort des "private public partnership" kann auch in diesem Bereich einen vernünftigen Weg aufzeigen.

Abstract

Recent developments in retail trade over the past years and decades have had a decisive influence on life in communities and cities. Some of the current tendencies, such as the rapid expansion of large, specialized market chains, would seem to make an investigation of the subject especially urgent.

Collected in the present volume are the oral presentations and results of a professional meeting on "Retail Trade and Urban Development." They concern, on the one hand, the fundamental conflict that exists with regard to the extent of local government planning and control of developments in retail trade; on the other, they address the responsibility of retail trade for urban development and the quality of life in cities.

The contributions concentrate on four topic areas: aspects of supply and demand; transportation; city design and marketing; planning and site selection. Despite the differing positions of retail trade and community representatives, a surprising consensus emerged in many respects. Insight into the necessity of a common search for solutions that are both attractive and compatible with the interests of the city, was one of the key results of the meeting.

Begrüßung und Einführung

Dieter Sauberzweig

Als Leiter des Deutschen Instituts für Urbanistik begrüße ich Sie zu dieser Fachtagung zum Thema "Einzelhandel und Stadtentwicklung". Ich freue mich über die zahlreiche Teilnahme, zeigt dies doch an, daß der Gedankenaustausch zwischen Vertretern des Einzelhandels und der Kommunen lohnenswert zu werden verspricht und auf großes Interesse stößt.

Wir veranstalten diese Tagung zusammen mit der Forschungsstelle für den Handel und der Bundesforschungsanstalt für Landeskunde und Raumordnung. Damit haben sich drei Institutionen zusammengefunden, die zumindest aus der Sicht von Forschungsinstituten das Spektrum der möglichen Fragestellungen abdecken.

Das Deutsche Institut für Urbanistik hat diese Tagung unter anderem deswegen initiiert, weil aus dem Kreis der Städte in letzter Zeit vielfach die Anregung kam, das Thema "Einzelhandel" durch Forschung und Beratung aufzugreifen. Dazu möchte ich für einige von Ihnen, die möglicherweise unser Institut mit seinen Aufgaben noch zu wenig kennen, folgendes bemerken: Das Difu wurde 1973 mit dem Ziel gegründet, als kommunale Gemeinschaftseinrichtung den Städten und Gemeinden durch Beratung und praxisorientierte Forschung Hilfestellung zu geben. Darüber hinaus gibt das Institut den Städten Rat und Unterstützung bei der Lösung aktueller Einzelprobleme. Die Forschungsvorhaben des Difu liegen auf verschiedenen Feldern; sie reichen vom Städtebau und Umweltschutz über soziale und kulturelle Fragestellungen bis hin zum Bereich der kommunalen Wirtschaft und Wirtschaftsförderung. Zum Themenbereich "Einzelhandel und Stadtentwicklung" wurde vor kurzem ein Projekt abgeschlossen, das sich mit der innerstädtischen Einzelhandelsentwicklung im Städtevergleich befaßt. Es zeigt unter anderem, wie sich bestimmte Entwicklungen - z. B. die Ausdehnung des großflächigen Einzelhandels - eindeutig auf bestimmte Typen von Stadtgebieten konzentrieren. Darüber wird im Verlauf der Tagung noch zu sprechen sein.

Doch zurück zu den Anregungen aus dem Kreis der Städte; sie gingen in verschiedene Richtungen: nachgefragt wurden Hilfen bei der Erarbeitung von Zentren- oder Standortkonzepten ebenso wie Untersuchungen über die Auswirkungen der Ansiedlung von großflächigen Einzelhandelsbetrieben. Da die Bearbeitung aller angesprochenen Problemstellungen aber die Forschungskapazitäten des Difu bei weitem übersteigen würde, entstand die Idee zur Veranstaltung einer Fachtagung, bei der die Berührungs- und Konfliktpunkte, die es zwischen Einzelhandel und Stadtentwicklung gibt, diskutiert werden sollten, um möglicherweise Anstöße für gemeinsame Konzepte von Einzelhandel und Stadtentwicklung zu geben.

Bevor ich stichwortartig auf einige aktuelle Konfliktfelder eingehe, will ich uns noch einmal die ursprünglichen Zusammenhänge und die gegenseitige Bedingtheit von Stadt und Handel in Erinnerung rufen. Handel war und ist ein Merkmal von Urbanität. Städte entstanden oftmals dort, wo Waren und Informationen ausgetauscht wurden, häufig am Schnittpunkt von Handelsstraßen. Bis in die heutige Zeit sind die Städte vom Handel geprägt und haben damit gleichzeitig die Funktion als Versorgungsmittelpunkt. Lange Zeit waren die Innenstädte die Orte, an denen sich das Einkaufsgeschehen bündelte. Sie waren durch die gesunde Mischung von Handel, Kultur, Dienstleistungen, Vergnügungsstätten und Wohnen voller Leben.

Heute dagegen ist das Bild nicht mehr so klar und ungetrübt. Die Konzentration im Einzelhandel und die zunehmende Mobilität haben Einkaufszentren dort entstehen lassen, wo der automobile Verbraucher günstig hinfahren und parken kann: in Gewerbegebieten, auf der "grünen Wiese" vor den Städten. Nicht nur die Innenstädte, sondern auch die Stadtteilzentren sind dadurch nicht unerheblich betroffen. Bereits die reduzierte Funktion als Handels- und Bürostandort bedroht den Bestand der Innenstädte. Die Verödung vieler Citys nach 18 Uhr ist sichtbares Zeichen dafür. Ein weiterer Rückzug des Einzelhandels und bestimmte Strukturveränderungen können diese Entwicklungen noch verstärken. Gleichzeitig werden die Innenstädte immer uniformer. Es ist oft schwierig, die einzelnen Städte in ihren Fußgängerzonen überhaupt noch zu unterscheiden, so sehr gleicht die eine der anderen. Und dort, wo markante historische Gebäude in den Städten fehlen, droht deren Individualität verlorenzugehen. Auch dies ist ein Thema unserer Tagung.

Wer die Dinge nüchtern und realistisch betrachtet, kann nicht daran vorbeisehen, daß zwischen den Interessen des Einzelhandels und der Stadtentwicklung Gegensätze bestehen. Ich will einige Punkte herausgreifen:

- Konzentration und Filialisierung führen vielfach zur Uniformität des Erscheinungsbildes des Einzelhandels nicht nur in den Innenstädten. Dagegen stehen städtebauliche Entwicklungsstrategien, die auf Erkennbarkeit, Identität und positiv wahrgenommene Stadtgestalt setzen.

- Es bilden sich Konzentrationen von großflächigen Einzelhandelsbetrieben außerhalb der bestehenden Zentren. Die aus der Sicht der Stadtentwicklung erwünschte Zentrenstruktur - orientiert an der Idee einer räumliche Schwerpunkte setzenden Versorgungsinfrastruktur - wird durch die teilweise ungeplanten Kristallisationen von Fach- und Verbrauchermärkten in Gewerbegebieten oder auf der "grünen Wiese" in Frage gestellt und gefährdet.

- Ausgehend von der Vorstellung des motorisierten Verbrauchers setzt der Einzelhandel auf eine möglichst gute Straßenanbindung der Innenstadt bzw. der Haupteinkaufsgebiete mit entsprechenden Parkmöglichkeiten. Dagegen sehen die Interessen der Stadtentwicklung die verkehrsberuhigte Innenstadt mit einer optimalen Verkehrsanbindung durch den ÖPNV als das Ziel ihrer Bemühungen.

Damit sind zugleich einige der Themen angesprochen, die in den Arbeitsgruppen heute nachmittag diskutiert werden sollen. Vielleicht läßt sich darin der eine oder andere Ansatzpunkt für konstruktive Kompromisse finden. Denn es sollte nicht übersehen werden, daß eine Reihe gemeinsamer Interessen von Einzelhandel und Stadtentwicklung den Konsens nicht nur möglich, sondern auch notwendig macht. Die Steigerung der Anziehungskraft unserer Städte wird nicht ohne entsprechende Anstrengungen des Einzelhandels zu erreichen sein. Zur optimalen Versorgung der Bürger einer Stadt müssen Einzelhandel und Stadtverwaltung gemeinsame Konzepte erarbeiten.

Wenn sich der Einzelhandel auf der einen Seite seiner Verantwortung für die Stadtentwicklung bewußt wird, wenn er ein gewisses Maß an kommunaler Planung und Steuerung als notwenig akzeptiert und wenn die Stadtentwicklung auf der anderen Seite die berechtigten Interessen des Einzelhandels berücksichtigt, sollte eine fruchtbare Zusammenarbeit im Sinne der Weiterentwicklung und Gestaltung von lebenswerten Städten möglich sein. Das Stichwort des "public private partnership" kann auch in diesem Bereich einen vernünftigen Weg aufzeigen.

Und damit wäre ich wieder beim Leitgedanken dieser Tagung: Wir wollen das Verständnis der Vertreter des Einzelhandels und der Stadtentwicklung für die jeweils anderen Interessen und Belange vergrößern. Wir hoffen, daß viele von Ihnen die hier gewonnenen Anregungen konstruktiv in den Diskussions- und Abstimmungsprozeß in Ihren Städten und Verbänden einbringen können. Ich wünsche Ihnen, uns allen, eine - im positiven Sinn - lebhafte Tagung und Auseinandersetzung.

Volker Trommsdorff

Die Forschungsstelle für den Handel, FfH Berlin, steht seit 60 Jahren im Dienst der Behörden, Verbände und Handelsunternehmen in Berlin und in ganz Deutschland, wie man jetzt wieder sagen darf. Sie versteht ihren Auftrag "Forschung für den Handel" ganzheitlich im Sinne der Förderung des tertiären Wirtschaftssektors, und zwar sowohl volkswirtschaftlich als auch betriebswirtschaftlich. Wir tragen mit Informationen und Befunden, mit forschenden und beratenden Dienstleistungen zur Regionalplanung der öffentlichen Hände, zur Geschäftsplanung von Handelsunternehmen und zur Distributionspolitik von Herstellerunternehmen bei.

Die Bezeichnung "Forschungsstelle für den Handel" bedeutet also keine einseitige Parteinahme für den Handel im Spannungsfeld zwischen Regionalplanung und Handelsinteressen. Noch weniger ist die FfH einer bestimmten Gruppe von Handelsunternehmen verpflichtet.

Unser Interesse am Thema "Einzelhandel und Stadtentwicklung" erklärt sich aus diesem Selbstverständnis der FfH Berlin. Aus langjähriger Erfahrung wissen wir um die Konflikte, die sich bei der Stadtentwicklungsplanung ergeben, wenn der Handel seine Vorstellungen in die Auseinandersetzung um Stadt- und Regionalplanung einbringt.

Unsere Rolle bei der Fachtagung "Einzelhandel und Stadtentwicklung" sollte statt einer fixierten Position die des neutralen Experten sein, wir wollen Verständnis für die manchmal gegensätzlichen Positionen der beteiligten Seiten aus der Sicht der Handelsforschung erwecken. Gelegentlich interessendominierte oder gar ideologisch bestimmte Diskussionen, wie sie in der Öffentlichkeit um Parkplätze, Verkehrsführung und Fußgängerzonen geführt worden sind, möchten wir auf den Kern der sachlich nachvollziehbaren Erkenntnis zurückführen. Beispielhaft dazu drei einschlägige Thesen und Antithesen:

These 1:
Umsatzrückgang bei Innenstadt-Warenhäusern wegen schlechter Erreichbarkeit.

Antithese:
Nachlassende Attraktivität des Betriebstyps Warenhaus zugunsten anderer Handelsbetriebsformen der Innenstadt.

These 2:
Autos in der Innenstadt gehören der Vergangenheit an. Verkehrstechnische, ökologische und soziale Belange lassen Fußgängern, Radfahrern und dem ÖPNV den Vortritt.

Antithese:
Der hochwertige Fach- und Erlebnishandel ist auf Erreichbarkeit mit dem Auto als Element zeitgemäßer urbaner Lebensqualität angewiesen.

These 3:
Gegen überdurchschnittliche Mietpreissteigerungen in Innenstädten sind Maßnahmen zu ergreifen. Sonst geht die Nutzungsvielfalt verloren.

Antithese:
Grundstücks- und Mietpreissteigerungen sind marktwirtschaftlicher Ausdruck von Standortattraktivität. Die Marktmechanismen führen zum Optimum für Verbraucher und Unternehmer.

Typisch für diese Thesen und Antithesen ist, daß jede Position gute Argumente und wissenschaftlich haltbare Befunde für sich hat. Trotzdem widersprechen sich die Aussagen, weil die Kriterien, Interessen, Prioritäten und Gewichtungen zwischen These und Antithese wechseln. Zum Beispiel können operative, gegenwartsorientierte, erfolgsbezogene Kriterien stark in Widerspruch geraten zu strategischen, zukunftsorientierten, erfolgspotentialbezogenen Kriterien.

Strategisch-langfristig-grundsätzliches Denken steht im Konflikt mit taktisch-kurzfristig-operativem Denken. Die Erkenntnis über die Existenz dieses Gegensatzes kann ganz erheblich dazu beitragen, daß Partikularinteressen im Spannungsfeld zwischen Einzelhandel und Stadtentwicklung abgebaut werden.

Dazu kommt mir als Marketing-Fachvertreter noch der folgende Gedanke, der mir in Ihrem Kreise sehr wichtig erscheint: Es ist der Grundgedanke des Marketing, die Orientierung am Kunden, die Ausrichtung allen Handelns an der Bedürfnissen, Eigenheiten, Denk- und Verhaltensweisen des Kunden.

Beim Hineindenken in das Thema dieser Fachtagung ist mir deutlich geworden, daß viele Konflikte im Spannungsfeld zwischen Einzelhandel und Stadtentwicklung darauf zurückzuführen sind, daß die Akteure in diesem Spannungsfeld gelegentlich vergessen, wofür sie eigentlich da sind, nämlich für die Leute, an die sich das Angebot Stadt und das Angebot Handel richtet: für die Kunden von Einzelhandel und Stadtentwicklung.

Kundenorientierung wird leicht vergessen. Bürger sind Kunden der Kommunen. Bürgernähe und Kundennähe bezeichnen dieselbe Grundeinstellung. Leider gibt es noch nicht den Begriff der Händlernähe oder Geschäftsleutenähe. Händler sind zugleich Kunden der Kommunen und Dienstleister für die Bürger.

Marketing in diesem Sinne bietet meines Erachtens ein großes Potential an Konfliktlösung, weil die Stadtplaner und die Händler langfristig eigentlich am gleichen Strang ziehen, sie merken es nur nicht immer.

Machen Sie sich bewußt, daß die gemeinsame Aufgabe im Nutzen für die Kunden liegt und daß dazu alle Bürger gehören, nicht nur Endverbraucher, sondern auch kommerziell motivierte Händler und nichtkommerziell motivierte Personen und Institutionen. Man kann sie als Marktsegmente für das Produkt Stadt sehen. Dann wäre Stadtentwicklung die Strategie, um es den Kunden möglichst recht zu machen.

Natürlich ist diese Marktsegmentierung kompliziert, und natürlich haben einzelne Segmente auch gegensätzliche Interessen. Damit kann man aber im System einer behutsam durch Stadtplanung gesteuerten Marktwirtschaft fertigwerden.

Den besagten Marketinggeist im Spannungsfeld von Handel und Stadtplanung im Sinne konstruktiver Kreativität für die Kunden, Händler und Bürger bewußtzumachen statt verhärtete Positionen zu vertreten, das wünsche ich dieser Veranstaltung.

Hans-Peter Gatzweiler

Ich möchte kurz das Forschungsinteresse der Bundesforschungsanstalt für Landeskunde und Raumordnung am Thema dieser Fachtagung begründen. Es deckt sich weitgehend mit dem raumordnungs- und städtebaupolitischen Stellenwert dieses Themas, der - das darf ich nebenbei bemerken - auch darin zum Ausdruck kommt, daß der Bundesminister für Raumordnung, Bauwesen und Städtebau die Durchführung dieser Fachtagung finanziell mit Ressortforschungsmitteln unterstützt.

I.

Einzelhandel und Städtebau als räumliche Planung sind vielfältig miteinander verbunden und bedingen sich gegenseitig. Konfliktpotentiale und damit städtebaupolitischer Handlungsbedarf liegen dort, wo die Entwicklung des Einzelhandels die Umsetzung planerischer, städtebaulicher Ziele berührt.

Die Städtebaupolitik des Bundes hat im Baugesetzbuch und in der novellierten Baunutzungsverordnung so z.B. die verbrauchernahe Versorgung als Planungsleitlinie aufgenommen. Sie gibt den Gemeinden die Möglichkeit, durch bauleitplanerische Maßnahmen z.B. städtebaulich unerwünschte Standorte für die Ansiedlung von Verbrauchermärkten und Fachmärkten auszuschließen. Die Gemeinden können also - wenn sie wollen - deren städtebaulich problematische Ausdehnung begrenzen und für die Konsumenten evtl. nachteilige Veränderungen in der Angebotsstruktur des Einzelhandels vermeiden. Nach aller Erfahrung geht dies meist nicht ohne eine Trübung des Verhältnisses von Planung und Handel.

II.

Von allgemein städtebaulicher Relevanz sind nach meiner Einschätzung vor allem folgende aktuelle Entwicklungstendenzen im Einzelhandel:

1. der weitere Rückgang der Zahl der Unternehmen und Betriebe, besser der Zahl der Standorte des Einzelhandels, der zu problematischen regionalen (kleinräumigen) Versorgungssituationen führen kann;

2. die immer noch zu beobachtende und meist interkommunal nicht abgestimmte Ausbreitung von Handelsgroßbetrieben in verkehrlich gut erreichbaren, aber städtebaulich und regional nichtintegrierten Lagen;

3. die Entwicklung hin zu Fachmarkttypen, die mehr und mehr "zentrumrelevante Sortimente" anbieten und zu einer neuerlichen Gefährdung, zu Funktionsverlusten gewachsener Stadtzentren führen;

4. die Verengung des Angebots in den Innenstädten auf besonders umsatzstarke Waren (Schlagworte "Textilisierung", "Banalisierung", "Kettenläden") und gleichzeitige Verdrängung des Einzelhandels durch Nutzungen wie Fast-food, Spielhallen, Videotheken usw., also Prozesse, die zu Attraktivitätsverlusten und einer Entwertung der Innenstädte, von Stadtteilzentren, von Einkaufszentren der 60er und 70er Jahre führen;

5. die hohe zeitliche Dynamik der Entwicklung im Einzelhandelssektor, des Strukturwandels, der eine viel größere Handlungsflexibilität seitens des Einzelhandels erfordert, als es die mehrstufig organisierte und an gesetzliche Vorgaben gebundene städtebauliche Planung zuläßt.

III.

Vor dem Hintergrund dieser Entwicklungstendenzen konzentriert sich die Diskussion um die städtebauliche Relevanz des Einzelhandels aus meiner Sicht derzeit auf folgende Problembereiche:

1. Sicherung der Innenstadt als Einzelhandels- und Einkaufsstandort, als überzeugende Alternative zu den Handelsmammutzentren auf der "grünen Wiese";

2. städtebauliche Integration des großflächigen Einzelhandels, insbesondere auch unter Gesichtspunkten der Innenentwicklung, d.h. der Stärkung der Zentren, um weiteren Suburbanisierungstendenzen vorzubeugen;

3. Einbeziehung von privaten Akteuren in die Konzeption und Umsetzung von Aufwertungskonzepten zur Stärkung der Einzelhandelsfunktion der Innenstädte, der Stadtteilzentren;

4. Verbesserung der interkommunalen Zusammenarbeit bei der Ansiedlung und Entwicklung großflächiger Einzelhandelsbetriebe;

5. Verbesserung der Kooperation zwischen Einzelhandel und Stadtverkehrsplanung, des Verhältnisses von Handel und Verkehr.

IV.

Die städtebauliche Ressortforschung des BMBau, die ich hier vertrete, hat diese Probleme und Themen schon seit einigen Jahren im Visier. So beschäftigte sich eine Studie "Städtebau und Einzelhandel" aus dem Jahre 1987 mit den räumlichen Wirkungen und planerischen/städtebaulichen Konsequenzen des Strukturwandels im Einzelhandel. Weitere Forschungsvorhaben beschäftigen sich vor allem mit den Wechselwirkungen zwischen Handel und Gewerbe und einer städtebaulich orientierten Verkehrsplanung, einer flächenhaften Verkehrsberuhigung.

V.

Die aktuelle städtebauliche Ressortforschung greift die genannten Probleme/Themen vor allem im Rahmen des Experimentellen Wohnungs- und Städtebaus verstärkt auf. Charakteristisch für den Experimentellen Wohnungs- und Städtebau ist, daß an konkreten Projekten, d.h. Fallbeispielen, modellhaft vorhandene Kenntnisse überprüft und neue Erkenntnisse gewonnen werden können.

Insbesondere geht es darum, Erkenntnisse für die gesetzgeberische Arbeit des Bundes zu bekommen. Dies bezieht sich sowohl auf die Änderung bestehender und die Schaffung neuer Regelungen als auch auf die Frage, ob die Wirksamkeit des Instrumentariums durch andere Formen der Anwendung (neue Verfahrensformen, Träger- und Organisationsformen) erhöht werden kann. Das heißt, es soll geklärt werden, welche planerischen und organisatorischen, gesetzgeberischen und administrativen sowie baulichen Maßnahmen geeignet sind, eine bessere Abstimmung und eine stärkere gegenseitige Unterstützung z.B. von Städtebau und Einzelhandel zu erreichen.

Das Thema "Einzelhandel und Stadtentwicklung" ist einmal Gegenstand des Forschungsfeldes "Städtebau und Wirtschaft". Das Interesse richtet sich hier besonders auf Konzepte, die zum einen die Innenstadt (aber auch die Nebenzentren) als Einkaufsort aufwerten sollen.

Dies beinhaltet

- Maßnahmen zur Gegensteuerung negativer Entwicklungstendenzen,
- Maßnahmen zur Erhöhung der Attraktivität und der Aufenthaltsqualität, nicht zuletzt im Hinblick auf den Erlebniseinkauf, sowie
- Maßnahmen, die private Akteure in Konzeption und Umsetzung derartiger Aufwertungskonzepte einbeziehen (Marketingmodelle, City-Management).

Zum anderen geht es um Konzepte, welche die Steuerung der Einzelhandelsentwicklung an anderen Standorten im Stadtgebiet oder in der Region (interkommunale Abstimmung) zum Inhalt haben, um damit Tendenzen, die die Innenstadt bzw. die Nebenzentren in ihrer Funktionsfähigkeit gefährden, unter Kontrolle zu halten. Dies betrifft insbesondere den großflächigen Einzelhandel und Fachmärkte, sowohl die Ansiedlung an nichtintegrierten Standorten als auch sein Eindringen in innerstädtische Gewerbegebiete.

Das Thema "Einzelhandel und Stadtentwicklung" ist zum anderen Gegenstand des neuen Forschungsfeldes "Städtebau und Verkehr" im Rahmen des Reportforschungsprogramms "Experimenteller Wohnungs- und Städtebau". Das Interesse richtet sich hier über die schon erwähnten Forschungsaktivitäten hinaus darauf, die generellen Bezüge zwischen einer Neuorientierung des Stadtverkehrs im Sinne von Verkehrsberuhigung und den Auswirkungen auf Handel und Gewerbe systematisch zu analysieren und praxisgerecht aufzubereiten. Es sollen empirisch abgesicherte Informationen darüber gewonnen werden, inwieweit tatsächlich ein Konflikt zwischen Verkehrsberuhigung und Entwicklung von Handel und Gewerbe besteht, und mögliche planerische Lösungen aufgezeigt werden, um die Zielsetzungen der Verkehrsberuhigung mit den Interessen von Handel und Gewerbe zum Ausgleich zu bringen.

Ich hoffe und wünsche mir, daß die Fachtagung wichtige Ergebnisse, Anregungen, Ideen zur Weiterentwicklung der beiden Forschungsfelder bringt und auf diesem Wege zu einer verstärkten und besseren Zusammenarbeit und Abstimmung von Städtebau und Einzelhandel beiträgt.

1. Einzelhandel und Stadtentwicklung - Grundsatzreferate

Karl-Heinz Niehüser
Entwicklungstrends im Einzelhandel - Anforderungen an die Städte

"Zurück in die Stadt!", lautet so manche Überschrift in Fachzeitschriften. In der Tat: Unsere Städte zeigen Profil. Historische Gebäude und Stadtstrukturen vermitteln Individualität. Dinkelsbühl und Detmold stehen für viele Ansätze, gerade in Mittelstädten mit historisch angelegten Plätzen, engen Gäßchen und darin integriertem Handel neue Stadtkultur zu schaffen.

Aber versetzen wir uns einige hundert Jahre zurück. Die Städte, Orte der Sicherheit innerhalb dicker Stadtmauern, waren überfüllt; die Waren mußten an den Mann bzw. zu den Menschen gebracht werden. Was heute als Regenwasserrinne die Pflasterung auflockert oder etwa in Freiburg als Frischwasserkanal angenehme Kühle verschafft und zum unverwechselbaren Gestaltungselement wird, war ehedem notwendiges, zudem krankheitsförderndes Geruchsübel einer von Menschen und Handel überquellenden Innenstadt. Wer als Händler von draußen morgens nicht früh genug angekommen war, fand die Stadttore verschlossen, "closed shop" im wörtlichen Sinne; er blieb auf den Waren sitzen.

Wie sich die Verkehrsprobleme gleichen! Nur daß heute nicht die Ware zum Verbraucher geht, sondern sich der Verbraucher zur Ware quält und sie zurück nach Hause, respektive zum Auto schleppen muß.

"Autofreie City" heißt die Losung, die Lösungen der innerstädtischen Verkehrsprobleme verspricht. Was in Lübeck als monatlich einmaliger Werbegag Mehrumsätze verheißt, damit zusätzlich nicht nur Verkehrsprobleme durch Kolonnen von Trabis bringt und die Verkehrssituation vor der City vermehrt belastet, ist Wasser auf die Mühlen derer, denen das Auto schon immer ein Dorn im Auge ist, vorausgesetzt, es ist nicht das eigene. Das Postulat "autofreie Innenstadt" ist genauso falsch, wie die Forderung nach der "autogerechten Innenstadt" es zu Beginn der Autowelle war.

Gerade am Verkehr als dem augenfälligsten Engpaßfaktor vor allem in der City wird die Problematik von Handel und Stadtentwicklung deutlich. Ist der Verkehr - an sich eine verbindende, kommunikative Einrichtung - nicht längst zum Trennungsfaktor zwischen Handel und Stadtentwicklung geworden? Müßte die Tagung gar Handel oder Stadtentwicklung heißen? Der Prioritätenstreit wäre damit eröffnet.

Die Dynamik im Handel ist Ergebnis und Ausdruck marktwirtschaftlicher Prozesse, ohne daß damit gesagt ist, daß diese Prozesse geradlinig verlaufen seien. Die Dynamik in der Stadtentwicklung ergibt sich aus der im Zweifel geringeren Geschwindigkeit und Reagibilität von Planungsprozessen. Die Baunutzungsverordnung 1977 (§ 11 Abs. 3) hat zum Beispiel erst rund zehn Jahre später angefangen zu greifen. Liegt in den unterschiedlichen, zudem verschiedenen Entscheidungsstrukturen unterworfenen Dynamikverläufen gleichzeitig Dynamit? Ist der Wettstreit von Handel und Stadtentwicklung ein Wettlauf zwischen Hase und Igel?

Trends bei den Betriebsgrößen und Vertriebstypen im Einzelhandel

Erfolge im Einzelhandel hat nur, wer mit zeitgerechtem Vertriebstyp und zeitgemäßem Vertriebskonzept den richtigen Standort besetzt. Ob ein Vertriebstyp im Trend liegt, darüber entscheidet tagtäglich der Verbraucher, der aber seit längerer Zeit in seinem Kaufverhalten keine klare Linie mehr erkennen läßt und immer wieder mit Überraschungen aufwartet. Eine solche ist zum Beispiel der Trend zurück zu miniaturisierten Sparsortimenten. Der Milchmann um die Ecke, der kleine Fisch-, Obst- und Gemüseladen oder die Strumpfboutique - allesamt längst totgesagt - haben plötzlich wieder eine Marktchance. Selbst große Handelskonzerne erproben gegenwärtig, wie schmal und spezialisiert ein Sortiment sein kann, damit es sich noch trägt.

Der Trend geht eindeutig weg von den sehr großen Flächen zu den kleineren und mittelgroßen. Spezialisierung und Vielgruppenorientierung sind heute die strategischen Erfolgsfaktoren für den Einzelhändler, weil die Mitte, in der sich früher der Facheinzelhandel auskömmlich einrichten konnte, bei der wachsenden Unstetigkeit und Nichtkalkulierbarkeit der Wünsche der hybriden Verbraucher immer schmaler wird. Das Wort vom schizophrenen Verbraucher macht die Runde, womit gleichzeitig gesagt ist, daß er immer weniger in vorhandene Marketingkonzepte einzuordnen ist.

Spezialisierung bedeutet Abkehr von der sehr großen Fläche, nicht aber unbedingt ein Standort in den gewachsenen innerstädtischen Handelszentren. Generell muß der Einzelhändler heute zunächst die Grundsatzentscheidung treffen, ob er Versorgungs- oder Erlebnishandel betreiben will. Mit dieser Entscheidung schränkt er seine Vertriebstypenwahl und seine Standortwahl ein, weil jeder der beiden Pole nur mit bestimmten Vertriebskonzepten und Standorten erfolgversprechend besetzt werden kann. Die recht unterschiedlichen Vertriebskonzepte spielen aber bei der Abstimmung des Verbrauchers, welchem Einzelhändler er sein Geld zukommen lassen will, die entscheidende Rolle.

Die Wahl des Verbrauchers ist auch geprägt von der konjunkturellen Großwetterlage. Sind die Zeiten gut und fließen die Einkommen reichlicher, dann leistet man sich etwas mehr Erlebnishandel, der meist mittelgroße bis größere Flächen benötigt. Sind die Zeiten schlechter, dann kommt der Versorgungshandel etwas mehr zum Zuge, der entweder kleine oder aber große bis sehr große Flächen benötigt.

Fläche allein ist keine Garantie für die Gunst der Verbraucher. Diese orientieren sich stets nach dem unternehmerischen Konzept. Die Warenhäuser mit ihrem riesigen Flächenbedarf haben in den 50er und 60er Jahren so großen Erfolg gehabt, weil sie fast das gesamte Handelssortiment der damaligen Zeit räumlich konzentriert auf ihren Flächen untergebracht haben. Als die Produktvielfalt zu groß und die Kosten der Vorhaltung zu hoch wurden, trug das Konzept "Alles unter einem Dach" nicht mehr. Die ebenfalls großflächigen SB-Warenhäuser und Verbrauchermärkte verdanken ihren Erfolg in den 70er und frühen 80er Jahren nicht der Großfläche, sondern der damals revolutionären Idee, das "mass merchandising" zur kaufmännischen Tugend zu erheben.

Heute haben es die SB-Warenhäuser und großen Verbrauchermärkte schon schwerer. Sie werden von zwei Seiten in die Zange genommen: von den Discountern, die im Lebensmittelbereich den Preis als Marketinginstrument wesentlich wirkungsvoller einsetzen können, und von den Fachmärkten, denen die Verbraucher im Nonfood-Bereich erheblich mehr Kompetenz zubilligen. Beide Typen - derzeit extrem wachstumsstark - benötigen nur einen Bruchteil der Fläche der SB-Warenhäuser. Bei den Fachmärkten ist an der Flächengröße kaum erkennbar, ob es sich um ein Fachgeschäft, einen Fachmarkt oder einen Fachdiscounter handelt. Drogerie- und Textilmärkte kommen mit annähernd demselben Flächenbedarf aus wie ein Fachgeschäft. Teppich-, Fernseh- und Schuhmärkte benötigen nur geringfügig größere Flächen als entsprechende Fachgeschäfte. Sieht man von den beiden größten Typen, den Bau- und Heimwerkermärkten sowie den Gartencentern, einmal ab, so sind die Fachmärkte im Regelfall nicht großflächig im Sinne der Baunutzungsverordnung. Selbst ein Viertel der Baumärkte benötigt nur Flächen zwischen 400 und 1000 Quadratmetern.

Probleme bereiten die Fachmärkte weniger durch ihren Flächenbedarf, sondern durch ihre Standortwahl. Sie suchten anfänglich Standorte vor allem in Gewerbegebieten und im Außenbereich der Städte sowie Standorte in unmittelbarer Nachbarschaft anderer Einzelhandelsbetriebe. Durch Ausnutzung der Sogwirkung bereits bestehender Magnetbetriebe entstanden und entstehen neue Handelsagglomerationen, zum Teil als Gegenpol zur Innenstadt mit problematischen Folgen für die Verkehrs- und Stadtentwicklung. Der neue Trend geht jedoch verstärkt in die City, zumindest in ihre Nähe.

Die City selbst verändert nicht nur durch immer neuere und schneller vergängliche Vertriebstypen ihr Gesicht: Die Fußgängerzone bekommt deutliche Konkurrenz durch Passagen, und besonders gut konzipierte, wie etwa das Hansaviertel in Hamburg oder das Kö-Center in Düsseldorf, weisen eine doch erstaunlich geringe Fluktuation der Betriebe auf. Aus dem Gigantomanieprojekt "World-Tourist-Center" in Oberhausen sollte, auch wenn es wohl nicht realisiert wird, eines rüberkommen: Dem witterungsunabhängigen Einkauf wird die Zukunft gehören. Glas- oder Zeltkonstruktionen werden fußläufige Zonen überspannen - eine Herausforderung für den Städtebauer! Ein Alptraum für den Denkmalpfleger?

Fazit: Nicht nur Städteplaner und Historiker, auch der Handel und die Verbraucher entdecken die Innenstadt neu - nicht nur am Donnerstagabend.

Uniformisierung der Innenstädte als städtebauliches und handelsstrukturelles Problem

Der Tatbestand bzw. der Grund für die Uniformisierung der Innenstädte, die gleichzeitig einen Verlust an Individualität und Identität bringt, ist einfach beschrieben:

- Verdrängung des mittelständischen Einzelhandels,
- Auffüllung durch (austauschbare) Filialbetrieb- und Franchisesysteme,
- verkehrspolitische Standards etwa bei der uniformen Gestaltung von Fußgängerzonen und fußläufigen Bereichen sowie
- Abwanderung exklusiver Geschäfte in ein 1b-Lagen.

Die Ursachen für diese Entwicklung sind weitgehend bekannt:

- extreme Mietpreissteigerungen in 1a- und Lauflagen der Innenstädte, vor allem der Großstädte;
- Versäumnisse bei der strategischen Flächenerweiterung der 1a- und 1b-Lagen (diese würden und werden durch heute überholte Verkehrskonzepte zusätzlich eingeschnürt; zudem war und ist die sogenannte Alternative "Grüne Wiese" schneller umsetzbar);
- Eintreten in und Aufkauf von bestehenden langfristigen Mietverträgen;

- galoppierende Fehlentwicklung vor allem in Großstädten; Mittelstädte sind resistenter, weil die Einzelhändler oft Eigentümer der Immobilie sind.

Patentrezepte zur Behebung oder auch nur Eindämmung dieser Fehlentwicklungen gibt es nicht. Nur durch ein Maßnahmenbündel kann dieser Uniformisierung, die Ergebnis eines marktwirtschaftlichen Prozesses ist, entgegengewirkt werden. Hierzu bieten sich an:

- gezielte Flächenerweiterung der bzw. rund um die City (das weitere Vordringen der Fachmärkte in bzw. an die Citys erfordert - will man städtebauliche Fehlentwicklungen nicht in Kauf nehmen - eine frühzeitige Erfassung und Berücksichtigung dieses Trends im Rahmen der Stadtentwicklung);
- Flächenmanagement, insbesondere um einseitige Branchenüberfrachtungen zu verhindern;
- Mietmanagement durch Einbringen von Verkaufsflächen der gesamten Straße, zumindest benachbarter Häuser, in eigenständige Gesellschaften nach dem Muster von Center Managements.

Als ein Sonderproblem im Rahmen der Uniformisierung der Innenstädte stellt sich die Außenwerbung dar. Der Werbewirrwarr, der vor allem dadurch entsteht, daß die individuelle Firmenwerbung nicht hinreichend auf die ortsspezifischen Gegebenheiten eingeht, führt ebenfalls zu einer Uniformisierung, die die Innenstädte austauschbar macht. Kommunalen Werbesatzungen kommt hier nicht nur eine beschränkende, sondern eine gestaltende Aufgabe zu.

Versandhandel und Tele-Shopping als Alternative für innerstädtische Probleme?

Der Versandhandel hat nach den USA in der Bundesrepublik mit 4,3 % Anteil am gesamten Einzelhandelsumsatz weit vor den übrigen europäischen Ländern eine herausragende Stellung, auch wenn in den letzten Jahren der Versandhandel ein Fünftel seines Marktanteils eingebüßt hat. Die Entwicklungschancen von Versandhandel und Tele-Shopping werden weitgehend günstig beurteilt. Der Handelsforscher Professor Bruno Tietz prognostiziert für das Jahr 2030 gar einen Marktanteil für Tele-Shopping von 20 bis 25 % des Einzelhandelsumsatzes.

Chancen für diesen nichtstationären Handel ergeben sich insbesondere durch bessere und schnellere Telekommunikationssysteme, wobei der Umgang mit den elektronischen Medien für die Jugend und nachwachsende Generationen Selbstverständlichkeit wird. Die Verringerung der Akzeptanzprobleme läßt daher Umsatzzuwächse als möglich erscheinen. Grenzen im Wachstum ergeben sich einerseits wegen der zunehmenden Produktvielfalt und insbesondere dort, wo der Verbraucher den unmittelbaren Kontakt mit der Ware wünscht, um sich beispielsweise von der Qualität zu überzeugen. Grenzen ergeben sich auch insofern, als die Erlebnisorientierung und der Freizeitwert beim Einkauf von Waren überwiegen. Zuwächse für Versandhandel und Tele-Shopping werden sich wohl in erster Linie bei Spezialnachfragen einstellen. Aber auch bei Versorgungskäufen sind Zuwächse möglich, sofern die Markenware hinreichende Qualitätssicherheit bietet. Die Zuwächse werden sich aber überwiegend in Bereichen vollziehen, die wenig cityrelevant sind.

Das Kernproblem für den innerstädtischen Handel: Ein funktionsgerechtes, umweltschonendes Verkehrsangebot

Innerstädtische Verkehrspolitik ist gegenwärtig oft eine Gratwanderung zwischen Chaos und Dirigismus. Die Mehrzahl der aktuellen Vorschläge hat zum Ziel, den Pkw zumindest aus dem Innenstadtkern abzudrängen und die Pkw-Benutzer zu überzeugen oder zu zwingen, auf Busse und Bahnen umzusteigen. Wer sich im Interesse der Verbraucher für vermehrten Parkraum und für die Erreichbarkeit der Innenstädte mit dem Auto einsetzt, gerät heute leicht ins Abseits, weil er an einem angeblich unzeitgemäßen Verkehrskonzept festhält.

Solchen Schwarz-Weiß-Kontrasten kann der Einzelhandel nur schwer folgen. Die Forderung nach einer "verbesserten Arbeitsteilung" im Verkehr wird von ihm allerdings vorbehaltlos anerkannt. Der Schutz der Umwelt, die Entzerrung und allmähliche Reduzierung des Individualverkehrs müssen auch im langfristigen Interesse des Handels einen hohen Stellenwert haben. An einem Kollaps, wie er tagtäglich in einigen europäischen Großstädten entsteht, kann dem Einzelhandel nicht gelegen sein. Die Abwanderung der Kaufströme zu anderen Städten und Standorten wäre die Folge.

Deswegen ist ein reibungsloses Zusammenwirken der Verkehrsträger ebenso notwendig wie die Bereitschaft, neue Wege zum Beispiel im Lieferungsservice, aber auch in der Erprobung neuer Verkehrsmittel einzuschlagen.

Der Eindruck ist nicht vom Tisch zu wischen, daß unsere Verkehrsplaner die Probleme der Zukunft nicht mit dem notwendigen Nachdruck und der ausreichenden Phantasie angehen und die Planung eher an der "Machbarkeit" orientieren, die wesentlich von der Interessenlage und der Lautstärke möglicher Bürgerinitiativen bestimmt wird.

Verkehrskonzepte benötigen eine lange Ausreifungs- und Umsetzungszeit. Verkehrswege müssen geplant und errichtet, Verkehrsströme umgelenkt und aufeinander abgestimmt werden. Vor allem aber müssen die Verkehrsteilnehmer erst umweltbewußt denken und die neue Arbeitsteilung der Verkehrsträger akzeptieren lernen. Neben der Zukunftsmission muß es aber auch praktikable Lösungen für die kurze und mittlere Sicht geben. Diese können nicht ausschließlich darin bestehen, daß die innerstädtische Verkehrspolitik das Fahren mit dem privaten Pkw so teuer und so schwierig wie möglich macht. Eine Sperrung der Innenstädte für den Pkw-Verkehr, ein City-Zoll für Autofahrer oder die Versechsfachung der Mineralölsteuer sind auf absehbare Zeit nicht tolerierbar. Teilweise sind die Verkehrsprobleme auch hausgemacht, weil die Verbannung des Verkehrs aus den vermehrt eingerichteten Tempo-30-Zonen erfolgt, ohne Rücksicht auf die mögliche Überlastung der Hauptverkehrsadern - und ohne ausreichende Rücksicht auf die dort Wohnenden.

Die Träger des ÖPNV (Bundesbahn, Kreise und Kommunen, öffentliche Verkehrsgesellschaften und Verkehrsverbunde) sind aufgefordert, mit Blick auf den erforderlichen Schutz der Umwelt endlich, zumindest in den Ballungsräumen, ein ausreichend leistungsfähiges und attraktives Angebot für umsteigebereite Pkw-Benutzer zu entwickeln. Aber auch der verstärkte Einsatz des ÖPNV hat in der engeren City Grenzen: einmal von der Akzeptanz her, andererseits weil auch Busse Gestank und Lärm verursachen. Das Stadtbild wird durch Busse und Busreklame sogar noch nachhaltiger beeinträchtigt als durch Pkw. Selbst das umweltfreundliche Fahrrad ist nicht problemfrei im innerstädtischen Einsatz.

Solange aber leistungsfähige Alternativen zum motorisierten Individualverkehr noch nicht geschaffen sind, muß die Innenstadt für alle Verkehrsteilnehmer offen bleiben. Dies ist schon deswegen notwendig, weil nur die Innenstädte über ein ausreichend großes Angebot an Parkhäusern und Tiefgaragen verfügen. Zu den Maßnahmen, die überall sofort ergriffen werden sollten, gehört die konsequente Bewirtschaftung des Parkraums mit dem Ziel, die Dauerparker zu verdrängen. Das knappe Gut Parkraum darf nicht dem vorbehalten sein, der zuerst da ist, sondern dem, der es am dringlichsten braucht. Warum muß beispielsweise das Parken im Parkhaus nachmittags genauso billig sein, wie es vormittags teuer ist? Der Handel würde sich über eine Entzerrung der Einkaufsspitzen freuen. Das Zur-Verfügung-Stellen von Behörden-Parkplätzen für den Einkaufsverkehr darf nicht länger tabu bleiben.

Zudem wird die Diskussion um Verkehr und Parkraum in der Innenstadt zu vordergründig nur auf den durch die Einkaufsströme verursachten Verkehr geführt. Der Berufsverkehr eignet sich weit eher dazu, durch attraktive Angebote des öffentlichen Personennahverkehrs entzerrt zu werden und damit zur Entlastung der innerstädtischen Verkehrssituation beizutragen.

Überhaupt: Die Innenstadt ist ein multifunktionaler Bereich. Warum kann der Verkehrsraum nicht mehr als bislang multifunktional und zeitoptimal genutzt werden?

Eberhard Kulenkampff

Trends der Stadtentwicklung - Anforderungen an den Handel

Der vorhergehende Beitrag behandelte die Anforderungen an die Städte, die sich aus der Entwicklung des Einzelhandels ergeben. Mir ist die Frage gestellt worden, wie sich die Stadt entwickelt, in der sich der Handel abspielt; gefragt ist ein Zustandsbericht, gefragt sind aber auch Prognosen.

Dabei muß sich mein Bericht beschränken auf den Zustand, der heute in Westeuropa, besonders in der Bundesrepublik, herrscht, und darauf beziehen sich auch nur Prognosen. Die Übertragung solcher Erfahrungen auf Osteuropa - und hier besonders die DDR - ist eine besondere Aufgabe.

Wir haben uns daran gewöhnt, die Stadt zu beschreiben, indem wir sagen, was sie nicht mehr ist: Die Stadt ist nicht mehr ein geschlossenes Baugebiet mit einer individuell freien, aber gesellschaftlich formierten Bürgerschaft.

Die Funktionen, die die Stadt von anderen Siedlungsformen unterscheidet, konzentrieren sich nicht mehr auf die Stadtmitte - die City. Wenn die historische Stadt noch definiert war durch Markt, Mauer und Macht, so gilt das schon lange nicht mehr. Man muß noch weitergehend feststellen, daß der Stadtbegriff überhaupt nicht mehr geeignet ist, die Ordnung oder Unordnung im Siedlungsraum zu erörtern. Vielmehr ist der Begriff "Stadt" nur noch als Rechtsbegriff für die Gebietskörperschaft eindeutig definiert und bezeichnet eine kulturelles Phänomen. Da die administrative Funktion der "Stadt" im Alltag kaum in Erscheinung tritt, ist die kulturelle Dimension für die Stadt entscheidend.

Groß geworden ist die Stadt durch die Arbeitermassen, die zu der am Weltmarkt mit seiner starken Dynamik orientierten Produktion gezogen wurden. Heute, da nach dem Übergang zum tertiären Sektor auch die Arbeitsplätze im Dienstleistungsbereich sich zu dezentralisieren beginnen, nachdem der Höhepunkt der Konzentration überschritten ist, liegt der wesentliche Grund zur Zusammenrottung in verdichteten Siedlungsräumen im Wunsch nach der Teilhabe an der aktuellen kulturellen Entwicklung. Andererseits setzt die Organisation kultureller Arbeit die Vielfalt von Interessenten voraus, die so dicht nur in größeren Verdichtungsräumen anzutreffen ist.

Wenden wir uns also zunächst dem Siedlungsraum ohne Betrachtung seiner administrativen Struktur und Grenzen zu. Der Siedlungsraum spiegelt nach wie vor die Gesellschaftsstruktur wider: Die Segregation ist weit fortgeschritten. Die Menschen gehören verschiedenen Ordnungen an, die ihr Verhalten bestimmen. So wenig es noch einen allgemein verpflichtenden Verhaltenskodex gibt, so wenig kann es noch eine hierarchisch geordnete Entwicklung im Raum geben.

Was ist nun an die Stelle der hierarchischen Ordnung getreten? Ist es das Chaos? Nein - das Chaos ist es nicht! Wenn auch der Blick von außen die Verhältnisse nicht durchschauen kann, so erkennt man doch das Wirken von Ordnung, sobald man in die einzelnen Sachgebiete Einblick nimmt. Das kann auch gar nicht anders sein, da jedes Tätigkeitsfeld für sich dem strengen Gesetz der Rationalität unterworfen ist. Jedes Sachgebiet hat seine eigene Hierarchie und seine eigene Ordnung. Dies gilt es zu erkennen, und nicht nur zu erkennen, sondern es gilt auch, die Bedingung für solche Ordnungen im Siedlungsraum herzustellen.

In den Bemühen, diesen Ansprüchen gerecht zu werden, haben sich die Städte multizentral entwickelt. Wenn ich das am Beispiel Bremen darstelle, so erkennt man, daß die heutige Siedlungslandschaft davon gekennzeichnet ist, viele funktionale Zentren zu haben und nicht nur eine "City".

Für den Bereich Forschung und Entwicklung war z.B. die exzentrische Lage der ("Campus"-) Universität Anlaß zur Ausprägung eines solchen Zentrums. Vielfältige Betriebe und Einrichtungen privater, halböffentlicher und öffentlicher Träger scharen sich um die Institute und Bibliotheken der Uni.

Leitgedanke für dieses fußläufig erschlossene Konglomerat war der amerikanische Hinweis "High tech - high touch", den man so und anders auslegen kann, der aber den Alltag rund um den Universitätsboulevard bestimmt.

Wenn jener selbst diesen neuen, früher nicht geahnten Aufgaben entsprechend gestaltet sein wird, wird der Unterweserraum um eine neue regionale Mitte - die "city contact" (Arbeitstitel) - reicher sein.

Oder sehen wir uns den Güterverkehr an: Auf einer 140 ha großen Fläche zwischen Häfen, Bahnen und (geplanter) Autobahn haben sich zahlreiche Betriebe versammelt, die Stau- und Speditionsdienste anbieten und die Logistik, die dazugehört.

Wenn auch in neuer Dimension und Technik, so ist hier doch in den Grundzügen die alte Stadtmittefunktion "Markt" nachgebildet in den Teilen, in denen Waren überregional gesammelt und neu geordnet wieder auf den Weg gebracht werden - regional oder überregional.

Oder nehmen wir einen verwandten Zweig: den weltweiten Gütertransport. Er verteilt sich alleine im Lande Bremen schon auf verschiedene Häfen und Anlagen. An der Wegespinne Europahafen aber entsteht, bestehende Ansätze zusammenfassend, ein logistisches Zentrum für diese Aktivitäten.

Von diesen Funktionen, die ihre eigenen Wegespinnen ausbilden, wird jeweils die zentrale Wegespinne, die "City", entlastet, die damit geeignet wird, sich anderen Aufgaben zu öffnen.

Sie können Beispiele dieser Art in allen Verdichtungsgebieten wiederfinden, sie alle sind multizentrale, offene Systeme.

In anderen Städten ist die Entwicklung schon weiter. So haben sich z. B. in Hannover beinahe alle Versicherungen und die dezentralen Leitungen großer Unternehmungen an die Endhaltestellen der Stadtbahn im Schnittpunkt mit Autobahnabfahrten, also im klassischen Jargon "an den Stadtrand", verzogen. Sie liegen damit aber günstig im Gesamtsiedlungsraum.

Wie stellt sich in diesem Zusammenhang der Handel dar? Ich möchte bei dieser Frage mit dem Detail beginnen: Ein Auto steuert ein Depot an. Der Fahrer, Mittvierziger, in derben Jeans, mit flottem Blouson, ausgerüstet mit der Beschaffungsliste, eilt mit einem großen Rollwagen in das Depot, eilt durch die Gänge zwischen den Regalen, greift geübt nach Dosen und Paketen. Schnell füllt sich der rollende Drahtkorb turmhoch, die Kontrollen werden passiert, ein Scheck wechselt den Besitzer, die Waren verschwinden im Auto, das rollt davon, liefert ab in den häuslichen Regalen und Gefriertruhen.

Ein anderes Bild: Zwei junge Frauen schlendern den Boulevard entlang. Sie bleiben hier und da stehen, diskutieren Farben, Rocklängen, Schuhabsätze, Preise. Den einen oder anderen Laden suchen sie auch auf, wühlen an Kleiderständen, ziehen Verkäufer ins Gespräch, probieren das und jenes an, bis sie sich schließlich zum Kauf eines Pullovers entscheiden und den Kauf dann bei einer Tasse Kaffee im nahen Café erörtern.

Man kann diese beiden Geschichten nicht unter einem Begriff subsumieren! Wir müssen versuchen, Begriffe zu finden, die jeweils sagen, wovon wir sprechen: vom "Versorgen" oder vom "Kaufen".

Den ersten Fall mag ich dem altehrwürdigen Begriff "kaufen" nicht mehr zuordnen. Vielmehr hat sich der Verbraucher hier eingereiht in die Transportkette, die die Waren an den Verbrauchsort heranführt. Die Warenauswahl war ja auch weitgehend nicht im Depot getroffen, sondern - von der Werbung stimuliert - am häuslichen Küchentisch zur Bestellung verarbeitet worden.

"Kaufen", das haben die beiden jungen Damen betrieben. In ihrem Verhalten fallen die Marktbeobachtung, die Warenprüfung, die fachliche Urteilsfindung, der Kaufentschluß und der Kauf noch zusammen.

Zwischen diesen beiden Polen, der Versorgung einerseits und dem Kauf andererseits, spielt sich der "Einzelhandel" in unserer Siedlungslandschaft ab. Er ist geprägt von einer hohen Rationalität, deren Extreme zwar inzwischen zurückgenommen werden müssen, weil der Kunde, dieses emotional gestörte Wesen, nicht mehr ganz folgen mag, deren Stringenz aber nach wie vor bestechend ist.

Um Mißverständnisse zu vermeiden, schiebe ich hier einige Erklärungen ein: Es handelt sich bei denen, die sich versorgen, und denen, die kaufen, um die gleichen Menschen. Ja, je günstiger sie sich versorgen können, desto mehr Zeit und Geld bleibt ihnen zum "Kaufen". Darum mischen sich auch die beiden Warenabteilungsformen zunehmend. Gerade dieses Miteinander bzw. enge Nebeneinander von "Versorgen" und "Kaufen" hat große Vorteile. Daraus resultiert ja nicht zuletzt der Siegeszug der Märkte von 1000 bis 1500 m² Nettoverkaufsfläche im Weichbild der Städte. In diesen Märkten schieben sich der Käsestand, die Fleischtheke und der Fisch"laden" mit fachlich qualifizierter Bedienung zwischen die Regale.

Leider haben wir alle viel zu spät erkannt auf beiden Seiten - Stadt und Einzelhandel -, welchen Anteil diese Handelsformen am Gesamtumsatz annehmen würden, und haben uns deshalb viel zu lange bekämpft. Viele Planer halten ja noch immer einen Laden mit 1000 bis 1200 m² Verkaufsfläche im Wohnsiedlungsumfeld für einen zu bekämpfenden Fremdkörper, anstatt ihn in die fußläufige Nachbarschaft der Wohnenden zu ziehen. Diese Märkte sind aber die "Tante-Emma-Läden" von heute.

Die Entwicklung hat sich äußerlich als Bauboom von eingeschossigen Bauten dargestellt. Und im Rahmen dieses Baubooms hat sich die Standortstruktur des Einzelhandels weitgehend geändert.

Am Beispiel: Im Umkreis von 30 km um den Roland von Bremen - also im gemeinsamen Siedlungsraum - wurden zwischen 1970 und 1990 ca. 1,5 Millionen Quadratmeter Einzelhandelsfläche in Betrieb genommen. Nur wenige tausend Quadratmeter sind in zentralen Lagen zusätzlich entstanden. Es hätten dort - die Flächen im ersten Obergeschoß inbegriffen - auch nur 75.000 m², also 5 %, der realisierten Flächen errichtet werden können!

In diesen zwanzig Jahren hat der Umsatz im Einzelhandel stark zu-, die Gesamtstundenzahl der Beschäftigten aber wohl ebenso stark abgenommen. Dieser Prozeß hat wesentlichen Anteil an dem realen Lebensstandard, an den verschiedenen Sorten von französischem Käse auf unserem Tisch, an unserem so unglaublich reichen materiellen Leben.

Wenn es nicht gelungen wäre, die Personalkosten bei der Versorgung der breiten Schichten der Bevölkerung mit Gütern des periodischen Bedarfs ganz erheblich zu senken, lägen die Preise für alle diese Waren ganz erheblich über dem heutigen Niveau.

Auch darum ist es kein Wunder, daß diese Entwicklung sich in vollem Konsens von Anbieter und Verbraucher vollzogen hat. Der Bürger hat diese Veränderung voll mitgetragen, und so haben die Gemeinden denn auch trotz Reden voller Bedenken schließlich immer wieder ihren Segen dazu gegeben - oft auch diese Entwicklung massiv gefordert. Darum wollen wir diese Entwicklung ja auch nicht zurückdrehen. Es hätte auch keinen Sinn, 5-kg-Pakete mit Persil erst auf der Autobahn, an den Trabantenstädten vorbei in die City zu fahren und dann an den Griffen, die in die Hände schneiden, mit der Straßenbahn in die Wohnungen zu schaffen.

Aber der Trend zu den ganz großen "Schuppen" ist gebrochen. Rein quantitativ verlagern sich die Umsätze zu den Läden in der Größenklasse von 500 bis 3.000 m². Aber das ist nicht alles. Weitere Symptome sind die vielen "shops", die die Supermärkte vor die Kassenfront ziehen, ebenso wie das Karschhaus: Kaufhauswaren im Fachhandelsgewand. Das Versorgungssystem paßt seine übertriebene Rationalität an die Grenzen an, bis zu denen die Kunden mitgehen, und das Versorgungssystem bemüht sich darum, "Kaufläden" anzuschließen oder einzuschließen.

Das Kaufen ist aber nach wie vor ganz überwiegend doch nur in den zentralen Wegespinnen unserer Siedlungsräume zu Hause, es hält sich in den Nischen der überkommenen Stadt. Aber auch dort dringt die Rationalität ein, verdrängt den örtlichen Einzelhändler durch Kettenläden, markengebundene Verkaufsstellen, "Auslieferungslager".

Vor dem Hintergrund dieser Entwicklung bei der Versorgung der breiten Schichten der Bevölkerung mit Waren ist der Kampf der Organisationen des Einzelhandels um "mehr Autos in der City" neu zu bewerten. Hat es wirklich noch Sinn, um das Transportmittel Kofferraum für die zentrale Wegespinne zu kämpfen? Da doch die Möglichkeiten, den Autoverkehr nichtstörend und unbemerkt in die Stadtmitte zu führen, sehr begrenzt sind, ist eine Beeinträchtigung der Aufenthaltsqualität mit Händen zu greifen und verdrängt die erwünschten Käufer in die Vorstädte - in Bremen zum Beispiel in das Ostertor.

Verantwortlich für diese Entwicklung, durch die das Einkaufen in individuell geführten, originellen Geschäften in die Vorstädte verdrängt wird, sind aber nicht die Verkehrsverhältnisse, sondern die Bodenpreise. Diese sind in den 1a-Citylagen so stark gestiegen, daß nur noch überregional agierende Unternehmen diese Preise aus ihrer Verdienstspanne bezahlen können.

So finden sich heute auf den ca. 50 ha der Altstadt ohne den "Schnoor" nur noch knapp hundert völlig selbständige örtliche Einzelhändler, auf dem ca. 30 ha großen Mischgebiet in der östlichen Vorstadt aber über 500 Geschäfte in unabhängiger Führung.

Bisher ist der Zulauf der Menschen in die City noch ungebrochen. Allerdings nennt kaum die Hälfte noch das Einkaufen als den wichtigsten Grund, und nur noch ein Viertel kommt allein wegen des Einkaufens.

Aber wie lange werden sie noch in die zentral gelegenen Einkaufsgebiete kommen, wenn sie dort überwiegend nur noch dieselben Waren in der gleichen Dekoration des Marken-Marketing finden wie überall anders auch?

Auf jeden Fall wird die Frage nach der Erreichbarkeit mit dem Auto an Bedeutung in dem Maße abnehmen, wie die Frustration über die zunehmende Gleichförmigkeit der Angebote zunimmt. Zeigt nicht auch die ständig wachsende Beliebtheit der Flohmärkte mit ihrem geringen Wert für die Warenbeschaffung und dem hohen Erlebniswert, wohin die Vorliebe der Menschen zielt?

Konsum und Kultur liegen dicht beieinander und sind doch zweierlei. Mit dem Käufer, der bewußt wählt, was er umfassend geprüft hat, wird ein Stück Kultur aus der alten Stadtmitte verdrängt, wenn dort die Erlebnisdichte abnimmt.

Kulturelle Phänomene aber sind neben den administrativen die letzten, die bleibenden Kennzeichen von "Stadt". Man kann das auch prosaischer ausdrücken: Urbanität ist dort, wo Stadt Spaß macht, Spaß durch Spontanität, durch Herausforderung, durch sinnliche Fülle.

Wenn die zentralen Wegespimen im Siedlungsraum diesen Spaß bieten, werden sie den Konkurrenzkampf um den Menschen gewinnen. Im Konkurrenzkampf um die Umsätze können sie nicht siegen.

Das hat auch seine Gründe in den folgenden Zahlen:

Einzelhandelsumsatz

60 % des Einkommens/Person/Jahr		6.000 DM
1 Mio. Regionalbevölkerung		6 Mrd. DM

Verteilung:	Wert	Anteil am Umsatz
7,5 zentrale Kaufhäuser	10 – 75	70 Mio.
7,5 dezentrale Kaufhäuser	10 – 75	70 Mio.
300 dez. Läden über 1.000 m²	– 300	3 Mrd.
größere Einheiten	ca. 450	4 Mrd.
Umsatz 10 Mio. DM/Jahr		
andere Beteiligte	– ca. 10.000	2 Mrd.
Umsatz durchschn. 200.000 DM/Jahr		

Unmittelbar vor den Türen der 1,5 Millionen Quadratmeter Einzelhandelsfläche außerhalb der voll integrierten Standorte sind ca. 75.000 Parkplätze geschaffen worden. In Bremens Innenstadt stehen dem Einzelhandel nur etwa 7.500 zur Verfügung - also gerade nur der zehnte Teil. Und jeder weitere Parkplatz, jedes weitere fahrende Auto könnte nur zu Lasten der kulturellen und Aufenthaltsqualität der überkommenen Stadt Platz finden.

Das kann niemand wollen!

Was kann man wollen? Wollen kann man die Arbeitsteilung zwischen der Versorgung mit ihren kundenorientierten "Auslieferungslagern" an den Autobahnkreuzen und in Wohngebietsnähe einerseits und den Räumen zum dauernden Aufenthalt von verkaufenden und kaufenden Menschen andererseits - wo auch Gespräche ein Gewinn sind und nicht nur Prozente.

Das wirft natürlich die Frage nach der Rendite auf. Soweit darin Lohnkosten stecken, bin ich nicht bange: Der Mensch als Käufer hat immer wieder bewiesen, daß er den Preis für die Zeit des anderen auch zu bezahlen bereit ist, wenn der Wert, den die Ware für ihn hat, das Fachgespräch rechtfertigt.

Soweit darin Zinsen für Grundstückskosten stehen, bin ich sicher, daß diese in diesem Zusammenhang nicht bezahlt werden können. Darum weichen ja diese individuellen Läden immer wieder dem Erfolg aus, sobald er sich in steigenden Mieten ausdrückt. Wenn wir das nicht einsehen wollen, die überhöhten Preise für die zentralen Grundstücke nicht gesenkt werden, zerstört man das, war ihren realen Wert begründet hat. Diese hohen Mieten und nicht die fehlenden Parkplätze zerstören die alte Identität von Stadt und Kaufen.

So hörte die Erosion des Einzelhandels aus dem bekannten Bremer "Schnoor" erst auf, als wir neue Gaststätten, die eine höhere Bodenrente abwerfen, durch einen Bebauungsplan rigoros verboten haben. Daraus leitet sich die Anforderung ab, die Einrichtungen der Versorgung aus den zentralen Wegespinnen zurückzuziehen. Für den Übergang sind besondere Dienste zu entwickeln, die vermeiden helfen, das Auto auch zum Einkauf in diesen Gebieten einzusetzen. Von besonderer Bedeutung könnte zu diesem Ziel ein Bringedienst werden. Insbesondere die Kaufhäuser sollten ihren Kunden anbieten, die Waren zu Hause abzuliefern. Die Einrichtung von Warenschließfächern an den Haltestellen dient dem gleichen Ziel.

Ich hatte hier ein Einführungsreferat zu halten. Ich hab' mich bemüht, allen denen, die um die Versorgung über die Stadtzentren bemüht sind und nicht in die vorgeschlagene Arbeitsteilung einwilligen wollen, den Fehdehandschuh hinzuwerfen.

Ich wäre Ihnen wirklich dankbar, wenn Sie in allen Referaten und Beiträgen zum Gespräch "Einzelhandel und Stadtentwicklung" einmal kurz sagen würden, wovon Sie sprechen: von den Transportketten der Versorgung mit Gütern des periodischen und aperiodischen Bedarfs oder von der Begegnung von Menschen über ihre Waren.

Vor dem Hintergrund des weiter schnell sinkenden Anteils der Arbeitszeit an der Gesamtlebenszeit tritt die Funktion der Güterversorgung als Beitrag zum Lebensglück der Menschen zurück gegenüber dem Reiz der zeitvertreibenden Begegnung mit Menschen.

Bei uns in der bisherigen BRD trifft dieser Zuruf vielleicht auf taube Ohren - obwohl sich die innerstädtische Kaufmannschaft aus eigenem Antrieb schon sehr weit bewegt hat - einschließlich der führenden Warenhauskonzerne. Dafür sei Ihnen sehr gedankt.

Aber wenn dieser Zuruf nicht gehört wird beim Neubeginn in der DDR - wenn dort die technisch zwar gefährdete, aber strukturell heile Gestalt der überkommenen Stadt dem Phantom geopfert werden sollte, man könne die eine Million Quadratmeter Einzelhandelsfläche mit ihren 50.000 Stellplätzen, die man braucht, um mit unserem System preisgünstig-frisch auf den Tisch etwa jeweils 500.000 Menschen zu versorgen, in die alten Städte integrieren, dann wäre das ein vermeidbares Unglück. Das haben die schönen Städte zwischen Thüringen und Mecklenburg nicht verdient. Auch für diese Länder gilt, daß sie in Zukunft Lebensraum differenzierter, segregierter Gesellschaft sein werden - keine monozentralen Städte mehr.

Die Raum- und Stadtplaner in diesen Ländern haben die Chance, dies zu wissen in dem Augenblick, da sie mit der Landesordnung beginnen.

Wir wünschen Ihnen die Kraft, diese Chance zu nutzen.

2. Versorgung unter betriebswirtschaftlichen und städtebaulichen Gesichtspunkten

Johannes Schnermann

Entwicklungstrends im Einzelhandel

Stichworte zum Vortrag

Konzentrationstendenzen im Einzelhandel

- Einrichtung zur Verteilung von (Mangel-)Waren
- Zweistufiges System: Groß- und Einzelhandel
- Absatzinstrument der Industrie, die die Konzentrationsphase schon lange hinter sich hat
- Kooperation als Gegengewicht zur Industrie: Genossenschaften; freiwillige Ketten: Spar, Vivo, Vege, Centra, A und O etc.; Einkaufsgenossenschaften: Gedelti, HKG; Absatzorganisation: Nordwest-Schuhe, Europa-Möbel
- Neue Betriebsformen: SB-Warenhäuser, Fachmärkte, Discountmärkte
- Filialisierung
- Betriebsgrößen
- Nischenpolitik
- Tendenzen: Warenhäuser, SB-Warenhäuser, Fachmärkte, filialisierter Facheinzelhandel, Facheinzelhandel, Versandhandel

Versorgungs- und Erlebniskauf

- Auch Frust- und Lustkauf
- Merkmale des Versorgungskaufs: sich mit dem Notwendigen versorgen; und zwar mit "Verbrauchsgütern"; auch Waren für den Keller, Kühlschrank sowie für Haus und Garten; schnell, bequem und preiswert kaufen; verkehrsorientierte Standorte; einfache Ausstattung der Gebäude; Betriebsformen (Verbrauchermärkte, SB-Warenhäuser, Fach- und Discountmärkte)
- Merkmale des Erlebniskaufs: seine Wünsche befriedigen, und zwar sowohl mit "Verbrauchsgütern" als auch mit "Gebrauchsgütern"; Waren zum Repräsentieren für Wohnung, Freizeit, Beruf, Kunst und Kultur; Inanspruchnahme von Dienstleistungen (Friseur, Reisebüro, Gastronomie); Shopping (bummeln, sehen und gesehen werden, sich wohlfühlen, Zeit in gepflegter Atmosphäre verbringen); Ware muß gefallen (Sparen bei ALDI, ausgeben woanders)

Richtzahlen und Individualanalysen

- Ermittlung der Richtzahlen durch Forschungsinstitute
- Bei Anwendung sind Richtzahlen schon unbrauchbar, da Wandel im Handel zu schnell
- Verträglichkeitsuntersuchungen, Beispiel Remscheid
- Planung von nichtwettbewerbsfähigen Einzelhandelseinrichtungen, Beispiel D-Zentren in Hamburger Wohngebieten
- Individualanalysen berücksichtigen aktuellen Entwicklungsstand und Unternehmensstrategie, Beispiele Remscheid und Neunkirchen
- Rivalität der Städte
- Zentrenhierarchie
- Wettbewerbssituation
- Stellungnahmen zu Individualanalysen durch Einzelhandelsverbände und Kammern
- Gutachten und Gegengutachten
- Entscheidungen sind Sache der Politiker

Rentabilität und dezentrale Versorgung durch Kleinbetriebe

- Existenzbasis bei Kleinbetrieb nicht mehr gegeben
- Beispiel: Supermarkt mit 200 m^2
  Umsatz: 200 m^2 x 12.000 DM   =   2.400.000 DM
  Gewinn: 2 % von 2.400.000 DM   =   48.000 DM
- Kleinbetrieb kann Warenfülle nicht bieten - Hinweis auf breites und tiefes Sortiment
- Deutlicher Trend zu größeren Betriebseinheiten
- Beispiel einer dezentralen Versorgung, und zwar kleine Ladenzeile in einem Wohngebiet:
  Supermarkt   - von morgens bis abends offen
  Bäckerei   - mittags geschlossen
  Metzgerei   - mittags geschlossen
  Friseur   - montags und mittags geschlossen
  Kneipe   - ab 17.00 Uhr offen
  Blumenladen   - mittags geschlossen
  Kiosk   - unregelmäßig offen
- Neuer Ladentyp könnte die dezentrale Versorgung mit den notwendigsten Waren und Dienstleistungen übernehmen, z. B. ein Drugstore

Ladenmieten

- Mieten spiegeln Standortqualität wider - Hohe Straße in Köln und Kaufinger Straße in München liegen derzeitig mit Spitzenmieten von 300 DM je m^2 ganz vorn
- Der Markt bildet die Mieten
- Indexierung, Option, Vormietrecht
- Mieten liegen zwischen 2 % und 10 % vom Umsatz
- Einzelhandelsunternehmen bauen selbst, um Mieten steuern zu können
- Schottenmieten und Entlastung bei Nebenkosten, wenn Standorte nicht stimmen
- Trends: Gute Lagen begehrter, Nebenlagen uninteressanter
- Massenkonsum besetzt zunehmend gute Lagen und verdrängt den kleinteiligen Facheinzelhandel in andere Straßen (Köln: Hohe Straße - Mittelstraße)

Banalisierung des Angebots

- Schlagwort der Städteplaner und Gegner des Filialisierungsprozesses
- Straffes Sortiment, einfache, aber rationale Warendarbietung
- Werbung fast ausschließlich über den Preis: billig, superbillig, Schottenpreis, Supersparpreis etc.
- Primitive Reklamen, Fenster mit Plakaten zugeklebt
- Von Konstanz bis Flensburg, von Aachen bis Kassel bzw. bis Frankfurt an der Oder das gleiche Bild mit billiger und marktschreierischer Reklame
- Keine Identifikation der Städte
- Wohltuend, wenn McDonald's einmal nicht mit einem roten Schriftzug wirbt
- Wildwuchs der Fachmärkte: einfache Schachteln mit Anstrich und Firmenzeichen (Senden bei Ulm oder St. Wendel im Saarland)

Dienstleistungsabend und Ausnahmeregelungen vom Ladenschluß

- Erlebniskauf steht im Vordergrund
- Mehr Gebrauchs- als Verbrauchsgüter werden gekauft
- Familieneinkauf: Nach dem Dienst um 18 Uhr trifft man sich mit der Familie zum Einkaufsbummel
- Gastronomische Einrichtungen werden stark in Anspruch genommen
- Gewinner: Stadt- und Stadtteilzentren sowie Einkaufszentren mit hohem Erlebniswert
- Mehr Urbanität
- Verlierer: unattraktive Stadtteilzentren und solitäre Objekte in Gewerbegebieten, Nebenlagen und am Stadtrand
- Diskussion zum Thema "Umsatzverlagerung" (von reiner Umsatzverlagerung bis zur Plünderung der Sparkonten)

Diversifizierung von Großunternehmen des Einzelhandels zu Fachhandelsketten in Innenstädten

- Genereller Trend zur Diversifizierung: Metro-Gruppe: Kaufhof, Metro-Märkte, Huma- und Suma-Verbrauchermärkte, Meister-Verbrauchermärkte in Franken, Fachmarktzentrum in Hamburg-Neddernfeld

  Kaufhof: Kaufhalle, McFash

  Rewe-Gruppe: Rewe-Groß- und Einzelhandel, HL, Toom, Penny (ehemals Leibbrand)

  Douglas: vormals Hussel mit Hussel-Süßwaren, Fuchs- und Douglas-Drogerien, Uhren-Weiß, Montanus-Buchhandel, Sport-Voswinkel

- Die genannten Gruppen erobern die guten Standorte und bestimmen zunehmend das Bild der Einkaufsstraßen
- Geballte Nachfragemacht nach guten Standorten

Themen für die Arbeitsgruppe

- Welche Folgen hat dieser Wandel im Handel für die Stadtentwicklung?

- Mit wem soll sich der Stadtplaner unterhalten? (Verbände, Kammern, Institute, Unternehmen)
- Standorte für Versorgungs- und/oder Erlebniskauf?
- Sind allgemeine Richtzahlen noch geeignet, um daraus Planungsziele abzuleiten?
- Wie kann trotz der dargestellten Entwicklung eine dezentrale Versorgung funktionieren?
- Gibt es Möglichkeiten, durch stadtentwicklungspolitische Maßnahmen das Mietenniveau zu beeinflussen?
- Kann die Banalisierung des Einzelhandels für die Stadt erträglich gehalten werden?
- Tragen offene Läden an allen Abenden zur Steigerung der Urbanität der Städte bei?
- Kann die Investitionskraft der (großen) Unternehmen des Handels für die Stadtentwicklung genutzt werden?

Irene Wiese-von Ofen

Konzentration im Einzelhandel - Forderungen und Empfehlungen an die Städte

1. Jedermann weiß, daß Konzentrationstendenzen überall in der Wirtschaft herrschen. Ob Daimler-Benz und MBB fusionieren oder Karstadt und Tengelmann, man glaubt mit immer größeren Unternehmen nur Druck von allen Seiten begegnen zu können:

- steigende Kosten durch Lohnentwicklung und Allgemeinkosten;
- steigende Kosten durch Käuferwünsche nach mehr Angebotstiefe und Sortimentsbreite;
- steigende Kosten durch veränderte Öffnungszeiten;
- steigende Kosten durch Mietpreisanstieg, Anpassungsdruck an Moden des häufigeren, immer kurzfristiger notwendig werdenden Umbaus, Ausbaus und Anbaus;
- steigende Kosten bei Konkurrenz und Marketing, Parkplatzangebot, Veranlagung nach dem Kommunalabgabengesetz und anderem.

Dies ist nach meiner Einschätzung die Situation beim Einzelhandel. Daraus resultieren die Forderungen an die Stadt und an den Städtebau:

- Offenheiten aller Verkehrsverbindungen zur optimalen Erreichbarkeit;
- hohe Angebote an öffentlichem Parkraum;
- Unterstützung bei Standortsuche und Standortangeboten sowie Grundstückskäufen;
- Herabsetzen von Einstellplatzforderungen und Ablösesummen;
- großzügige Auslegung von Gebietstypik und Genehmigungsvoraussetzungen, insbesondere zugunsten großflächigen Einzelhandels und bestimmter Ketten.

2. Die *Vorstellung* der Städte zielt auf einen *Einzelhandel mit weitgefächerter Eigentumsstruktur*, auf Identifikation des Handels mit dem Ort, eine möglichst geringe Verbreitung von ubiquitären Ketten, Verantwortungsgefühl der Bürger für das eigene Tun und die Mitwirkung, ja Übernahme von Aufgaben für die Allgemeinheit. Dieses ist cum grano salis von anonymen Grundeigentümern oder ausländischen Investoren und neutralen, über die ganze Bundesrepublik verteilten Ketten weniger zu erwarten. Dazu wird durch den Konzentrationsschub in der Eigentümerstruktur die Stadt auch erpreßbarer.

So stehen sich in vielen Fällen nach ihrer Interessenlage unvereinbare, aber absolut aufeinander angewiesene Kontrahenten bzw. Partner gegenüber.

3. In der städtebaulichen Entwicklung ist ein Zeitpunkt gekommen, zu dem die meisten Städte mit hohem Aufwand eine Erneuerung vorgenommen haben oder mitten in der Planungsphase sind, um das Stadtbild, vor allen Dingen aber die Innenstädte, attraktiver zu gestalten. Nach der "Kathedralentheorie", die sich für die Stadt Frankfurt als außerordentlich wirksam erwiesen hat, ist ein Investitionsdruck allerorten festzustellen. Städtebaulich sollte man sich jedoch vor der Erweiterung oder dem Umbau von Fußgängerzonen oder der Planung von Passagen und Galerien bzw. dem Akzeptieren solcher Vorschläge von Bauherren klarmachen, welchen Typ von "Stadt" man vorfindet oder in welche Richtung man ihn gemeinsam mit den Grundstückseigentümern und dem Handel hin entwickeln möchte. Als illustrative Beispiele darf ich einmal Hamburg und Essen heranziehen, um die Gedanken zu verdeutlichen, die damit gemeint sind. Hamburg hat im wesentlichen in den Straßen Autoverkehr, und hat die Innenblockflächen zu einem weitverzweigten Netz von überdachten Galerien und Passagen in alten und neuen Gebäuden ausgestaltet. Hier würde die Einrichtung von Fußgängerstraßen Erreichbarkeits- und Lieferprobleme schaffen. Ganz anders wird bei dem Konzept in Essen verfahren, wo schon 1929 die erste Fußgängerstraße durch Sperrung des Verkehrs entstand und seit 1959 die Fußgängerzonen konsequent vergrößert wur-

den. Ausbau von Passagen und Umbau von Innenhöfen, die jetzt der Anlieferung dienen, würden den Geschäften in den Fußgängerstraßen Konkurrenz bringen. Aber das ist nicht der einzige Grund. Es gibt auch einen Unterschied in der Auffassung von "Stadt". Die Straße ist ein allgemein zugänglicher öffentlicher Raum und damit konstitutives Element von der Stadt. Jede Passage oder jede Plaza, wie etwa beim luxuriösen Trump-Tower in New York, muß der Besucher bewußt betreten, und der Eigentümer kann diesen der Öffentlichkeit jederzeit durch Schließen entziehen. Und so angenehm es auch für eine Gemeinde ist, wenn Pflege, Haftung und die Sorge um die Einhalten aller Regeln von öffentlicher Nutzung durch die privaten Eigentümer gewährleistet ist, so sehr muß sie andererseits überlegen, ob sie eine Segmentierung der Stadt in hochkarätige, von ihr nur noch bedingt zu beeinflussende Bereiche und dagegen abfallende öffentliche Bereiche von Straßen und Plätzen zulassen will.

4. Die Stadt wird nicht nur gemessen an ihrer Attraktivität, sondern auch an der verbrauchernahen Versorgung, die sich weitgehend in Angebot und Darstellung ihres Handels manifestiert. Sie muß überall die Versorgung ihrer Bürger sicherstellen und wirbt also ständig dafür, daß auch der kleine Laden im Wohngebiet sich noch ansiedelt bzw. nicht schließt. Spengelin hat schon vor Jahren einmal überspitzt die Finanzierung des Tante-Emma-Ladens gefordert, da er im letzten Vorort mehr als "Sozialarbeiter"-Ersatz wirkt denn als Geschäftsunternehmen. In einer Gesellschaft, die immer älter wird, ist diese Forderung aktueller als je zuvor. Alte Menschen, die große Entfernungen nicht mehr überwinden können - mit ihren Körperkräften ohnehin nicht mehr, und dies mit dem Auto zu tun, sollte ihnen ihre Einsicht versagen -, brauchen mit dem öffentlichen Nahverkehr erreichbare Versorgungseinrichtungen in ganz geringen Distanzen mit bestimmten Sortimenten. Dies widerspricht allen Tendenzen der Entwicklung im Handel, sollte aber vom Handel wie den Städten sehr ernstgenommen werden.

5. Die allgemeinen Richtzahlen, nach denen in den Jahren des Wohnungsbaubooms die Einkaufszentren geplant wurden, gelten schon lange nicht mehr. Nur eine auf Käuferverhalten und demographische Situation eingehende Analyse kann hier helfen, sie darf jedoch nicht zu "Zuteilungen" von Marktsegmenten führen. Wenn sich dadurch eine Verteilungs- und Empfängermentalität entwickelt, wird Eigeninitiative gelähmt. Der Kampf um die weitere Zulassung oder Verhinderung beantragter Läden unterhalb der Schwelle des großflächigen Einzelhandels läßt dies (insbesondere auch oft ausgelöst durch politische Patronage) jedoch immer mehr befürchten. Differenzierte Einzelhandelsgutachten, die z. B. von Stadt, Handel und Verbänden gemeinsam vergeben, finanziert, beraten und verantwortet werden, helfen bei Dimensionierungsdiskussion, Abwehr oder Förderung und untermauern die erforderlichen Bauleitverfahren. Dieses Einzelhandelskonzept sollte auch planerisch eingebettet sein in ein räumlich funktionales Ordnungsmodell, das Eingrenzungen und Zuordnungen von Versorgungseinrichtungen zur Zentrenhierarchie ermöglicht.

6. Die Stadt hat immer vom Überangebot gelebt, von der Vielfalt des Nebeneinanders, auch von Exzentrizität und Exklusivität. Das setzt eine gewisse Größe des jeweiligen Einzugsbereichs voraus, die die Städte nicht garantieren können, die aber der Handel immer wieder von ihnen fordert, obgleich die Städte keinerlei Instrumente dafür haben. Im städtischen Interesse kann es nur liegen, wenn eine möglichst attraktive Angebotsstruktur mit entsprechend weitgefächerten Sortimenten vorhanden ist. Damit geht die Hoffnung einher, daß sich dies auch in einem vielfältigen baulichen Rahmen wiederfindet und nicht die Großen durch Gebäudekubatur und vereinheitlichtes Erscheinungsbild die vielbeklagte Monotonie in unseren Städten bewirken, die dann durch Reklame, Signets und Firmenfarbwahl im Sinne ihrer "corporate identity" erst recht keine ortsbezogene, individuelle Gestaltung mehr zuläßt.

Eine weite Fächerung des Angebots kommt nur durch Spezialläden zustande, die mit fachkundiger Beratung die Kunden anziehen. Es wird sich zeigen, ob der Handel in Selbstorganisation und Selbstbeschränkung eine entsprechende Arbeitsteilung zuwege bringt und sein Erscheinungsbild stadttypischer gestalten kann - dies wäre aller Anstrengungen wert.

7. Neben dem Fachhandel hat sich mit einiger Rasanz bei der Eroberung von Marktanteilen das bekannte Angebot an Standardprodukten im Selbstbedienungsbereich entwickelt, in architektonisch eher mediokrer gestalteten Supermärkten. Billiger Baugrund, ausreichend bemessen für eingeschossige Flachbauweise und viele Parkplätze - nur aus betriebswirtschaftlicher Sicht rationell - ist die wichtigste Voraussetzung für die Entwicklung der riesigen Fachmärkte außerhalb der Zentren und Vorortzentren am Rande der Ballungskernzonen. Städte können sich durch interkommunale Absprachen dagegen wehren.

Die uniforme Darstellung preiswerter Produkte in den Fachmärkten an nichtintegrierten Standorten ergibt zwar kein optimales Erscheinungsbild, wirkt sich aber für den Handel nicht nachteilig aus. Es liegt auf der Hand, daß die Kosten eines Spezialgeschäfts für sorgsames Dekorieren und beste Innenstadtlage erheblich höher liegen. Die Wettbewerbsbedingungen unterscheiden sich deutlich. Hier ist außer aus Kostengründen sicher auch auf Käuferverhalten und seine entsprechende Nachfrage durch den Handel reagiert worden.

Der Städtebau hat dagegen hierauf nur bedingt Einfluß, selbst wenn er im Rahmen von Bebauungsplänen durch die Ausweisung von Sonderbauflächen oder Kerngebietsflächen die Weichen für die Verteilung von Standorten stellt. Dies geschieht im Hinblick auf Kapazität und Leistungsfähigkeit unter Beteiligung des Handels, wie z. B. der Einzelhandelsverbände und der Industrie- und Handelskammern, Handwerkskammern etc., im Bauleitverfahren. Aber die Ausschöpfung der Baurechte ist die Sache des Handels, und jeder leitende Mitarbeiter in städtischen Planungsverwaltungen hat sich schon der mehr oder minder spürbaren Repression ausgesetzt gesehen im Falle einer anstehenden Entscheidung über Großprojekte durch die Wirtschaftsförderung oder die Liegenschaftsverwaltung oder den privaten Investor. Ein Elektronikmarkt mit 6.000 Quadratmetern Fläche oder ein Möbelmarkt mit 26.000 Quadratmetern in entsprechender Kubatur und mit notwendigem Parkgelände sind sicher nicht so leicht als "stadtverträglich" zu bezeichnen. Umgekehrt ist das Angebot so groß und der Anspruch der Käufer so hoch und so speziell, daß diese Angebotsform ebenfalls berücksichtigt werden muß. Man muß sich dann nur darüber klar werden, was an welchen Standorten angeboten wird, und vorsorgend dafür planen - dies an die Adresse der Gemeinden. Die Instrumente dafür sind vorhanden.

8. In solchen Fällen hilft bei Zieldiskussionen dann z. B. ein "runder Tisch", aber er hilft nach aller Erfahrung besser, wenn er entsprechend institutionalisiert ist, die Beteiligten (Behörden, Verbände, Kirchen und Parteien usw.) schon längere Zeit im Gespräch sind und die Verläßlichkeit des anderen kennen. Solche Gesprächs- oder Arbeitskreise oder regelmäßigen Treffen sollte es überall zwischen Stadt und Handel routinemäßig geben. In diesem Rahmen könnten nicht nur Streitpunkte von Gestaltung, Reklame, Verkaufs- und Verkehrsprobleme usw. besprochen werden, sondern auch andere organisatorische Fragen, z. B. des Managements und gemeinsamer Veranstaltungen.

9. Daß die Städte z. B. Interesse an Dienstleistungsabenden haben, ist aus Gründen der besseren Auslastung der Infrastruktur und der mit den späten Einkäufen verbundenen Nachlaufeffekte nur allzu gut zu verstehen. Das Flair ist ein anderes, wenn man am späten Donnerstag aus dem Büro kommt, als wenn man an anderen Tagen nach Ladenschluß die ja keineswegs unbelebte, aber dennoch seltsam starre öffentliche Sphäre betritt. An diesen Abenden reicht dann auch das Parkplatzangebot eher, wenn Berufs- und Dauerparker und

Einkaufende sich nicht in die Quere kommen. Dennoch scheinen sich hier städtische Interessen und die des Handels wohl nur bedingt zu treffen. Gleiches gilt für das Parken.

10. Der Ruf des Fachhandels nach Parkraum vis-à-vis der Ladentür wird wohl die städtischen Verkehrsplaner nie erreichen, zumal es blendende Erfahrungen mit Fußgängerzonen, einigermaßen gute Erfahrungen mit Verkehrsberuhigungsmaßnahmen und selbst mit der Einigung über komplizierte Anlieferungssatzungen und Fahrzeugbeschränkungen im Lieferverkehr gibt. Die fachliche Zusammenarbeit gelingt in diesen überaus komplexen Einzelfragen, die auch den Handel durchaus belasten. Aber über die erforderliche Zahl von Parkmöglichkeiten kommt es selten zu einer Einigung. In allen ihren Veröffentlichungen wird die Bundesarbeitsgemeinschaft der Mittel- und Großbetriebe des Einzelhandels (BAG) nicht müde, auf den Zusammenhang von erfolgreicher Geschäftstätigkeit des Einzelhandels und entsprechend umfangreichem Parkplatzangebot in räumlicher Nähe zum Einkaufsort hinzuweisen. Hier ist sicher auch ein Unterschied zwischen Großstädten sowie Mittel- und Kleinstädten zu beachten und entsprechend zu berücksichtigen. Nur wird man den Wünschen des Einzelhandels nicht voll Rechnung tragen können. Bei oberirdischer Unterbringung ist dann die Stadt "kaputt" im Hinblick auf Straßen und zugestellte Plätze, bei unterirdischer Unterbringung sind die öffentlichen Hände bald mit ihrer finanziellen Leistungsfähigkeit am Ende.

Der Fachhandel sollte deshalb in Erwägung ziehen, öffentliche Garagen selbst zu errichten und/oder mitzufinanzieren, die den Städten dann zwar gelegentlich Standort- und Verkehrsprobleme bereiten, bei denen aber durch das gemeinsame Erarbeiten von Lösungen Fortschritte erzielt werden. Darüber hinaus wäre zu fragen, ob der Handel nicht nur Parkgutscheine, sondern auch die Erstattung von Umwelt-Tickets (vor allem für seine eigenen Angestellten, um die Zahl der Dauerparker zu reduzieren) in seine Überlegungen einbeziehen könnte, um die Erreichbarkeit und Benutzung des öffentlichen Nahverkehrs zu stärken. Er könnte sich auch an der Park-and-ride-Finanzierung beteiligen. Städtische Parkraumbewirtschaftungskonzepte sind nicht gegen den Handel gerichtet, sondern sollen vorhandene Kapazitäten besser nutzen; daß Besucher und dauerparkende Angestellte und Bedienstete sich wechselseitig behindern, ist in niemandes Interesse. Und wenn die Städte als ultima ratio die Sperrung ganzer Innenstädte beschließen, sollte sich der Handel an Konzepten für Citybusse, Kombinationstaxis und Taxirouten, Gepäckaufbewahrung, Pick-up-Stationen oder auch an Ladenkonzepten mit Kleinfahrzeugen von Güterverteilzentralen außerhalb der Städte beteiligen und manch anderen unkonventionellen Vorschlag konstruktiv und mit Phantasie aufgreifen.

11. Abschließend einige Anmerkungen zum Verfahren:

- Die Städte sollten sehr zurückhaltend mit der Ausweisung von Sondergebieten im Flächennutzungsplan sein.
- Sie sollten dies durch ein Einzelhandelskonzept argumentativ stützen.
- Sie müssen trotz aller Kapazitätsengpässe ihre Bebauungspläne auf die neue Baunutzungsverordnung umstellen (d.h. weitgehend vollständige Verfahren wegen neuer, etwa durch Altlasten- oder Entwässerungsprobleme bedingter Abwägung).
- Sie sollten integrierte Verkehrskonzepte diskutiert und beschlossen haben, ehe sie Einzelteileinziehungsverfahren beginnen (u.U. vorbereitet durch Ergänzungs-Bebauungspläne zu alten Bebauungsplänen mit Verkehrsfläche ohne Differenzierung).
- Sie sollten störende Nutzungen durch Bebauungspläne ausschließen.
- Sie sollten im gemeinsamen Gespräch bleiben.

Helmut Bunge

Ergebnisse der Arbeitsgruppe "Versorgung unter betriebswirtschaftlichen und städtebaulichen Gesichtspunkten"

Die Arbeitsgruppe 1, über deren Aktivitäten ich berichte, befaßte sich unter der Gesprächsleitung von Herrn Kläsener mit der "Versorgung unter betriebswirtschaftlichen und städtebaulichen Gesichtspunkten".

Die im Programm als Stichworte für eine Diskussion vorgegebenen Teilaspekte wurden von Herrn Schnermann am Schluß seines Einführungs-Statements als Fragen fomuliert - Fragen, auf die in der Gruppe möglicherweise Antworten zu finden waren.

1. Welche Folgen haben die Konzentrationstendenzen im Einzelhandel, welche Folgen hat der Wandel allgemein im Handel für die Städte?
2. Wer sind die geeignetsten Gesprächspartner der Stadtplaner, wenn die Interessen des Einzelhandels berührt werden?
3. Wo liegen die "richtigen" Standorte für den Versorgungs- und/oder den Erlebnishandel?
4. Sind Richtzahlen für die Flächenermittlung im Einzelhandel geeignet?
5. Welche Möglichkeiten gibt es für die dezentrale Versorgung?
6. Wie kann das Mietniveau beeinflußt werden?
7. Wie kann die Banalisierung des Angebots in den Innenstädten erträglich gehalten werden?
8. Welche Auswirkungen hätten längere Ladenöffnungszeiten?
9. Wie kann die Investitionskraft des Handels für die Stadtentwicklung genutzt werden?

Die in das Thema einführenden Bemerkungen von Frau Wiese-von Ofen, Herrn Kläsener und Herrn Schnermann enthielten z.T. bereits Antworten auf diese Fragen. Ohne die Redner im einzelnen zu zitieren, fasse ich die Grundgedanken zusammen; im übrigen gab es zu den meisten Fragen kaum kontroverse Antworten:

1. Die *Konzentration* ist eine nahezu zwangsläufige Entwicklung im Einzelhandel. Wenn ein Einzelhändler tüchtig ist, wird häufig aus einem Einzelbetrieb ein Filialunternehmen. Nicht ganz sicher kann man sich allerdings sein, ob die Verbraucher wirklich ganz große Unternehmen wünschen. (Anmerkung Bunge: Sie merken es ja oft nicht und sollen es auch nicht merken; deshalb firmieren ja mehrere Vertriebslinien der Großen des Handels unter verschiedenen Namen.)

2. Die Stadt muß mit dem Handel ins Gespräch kommen; Frau Wiese-von Ofen sprach von einem "runden Tisch".

3. Der *Versorgungshandel* (selbstverständlich ist das auch "Handel") bietet Verbrauchsgüter schnell, bequem und preiswert an; er bevorzugt verkehrsorientierte Standorte, erreicht allerdings nur einen Teil der Bevölkerung, und zwar in der Regel die Motivierten. Beim Erlebnishandel ist das Einkaufen eine Freizeitbeschäftigung, die die Verbraucher in angenehmer Atmosphäre verbringen wollen. Er findet überwiegend in der Innenstadt statt, allerdings auch in geplanten Einkaufszentren - hier auch in Kombination mit dem Versorgungshandel.

4. *Richtzahlen* sind unbrauchbar, ohne Individualanalysen geht es nicht.

5. Eine ausreichende *dezentrale* Versorgung wird immer schwieriger, weil bei Gütern des täglichen Bedarfs Flächen unter 200 m^2 nicht mehr rentabel betrieben werden können; in ländlichen Gebieten und städtischen Randlagen reicht die Kaufkraft selbst für diese Größe häufig nicht aus. Sind dann noch kleine Läden, die "Tante-Emma-Läden", vorhanden, haben diese eigentlich eine soziale Funktion, und es wird gelegentlich vom Einzelhandel gefordert und in den Gemeinden diskutiert, die Mieten bzw. den Betrieb dieser Läden zu subventionieren.

6. Die *Mieten* - vor allem in den Innenstädten - erwiesen sich in der Arbeitsgruppe als der kritische Punkt: Durch hohe Mietforderungen werden weniger rentable Branchen aus den Innenstädten verdrängt, da filialisierende Unternehmen, insbesondere Bekleidungs- und Schuhgeschäfte, die hohen Mieten zu zahlen bereit sind. Diese Einzelhandelsunternehmen tragen zur Banalisierung, zur Gesichtslosigkeit der Innenstädte bei, sofern die Städte ihre Identität nicht aus anderen Bauwerken, z.B. Kulturbauten, gewinnen.

Die Städte erhoffen sich zwar aus breitgefächerten Eigentumsverhältnissen eine stärkere Identifizierung des Handels mit der Stadt, meistens ist dies jedoch nur eine Hoffnung. Im übrigen sind Mittel- und Kleinstädte von dem Verdrängungsprozeß nicht so stark betroffen, da hier im größerem Umfang die Einzelhändler auch Eigentümer der Grundstücke sind.

Zu der Möglichkeit, durch *Schaffung* zusätzlicher Ladenflächen in 1b-Lagen die 1a-Lagen zu erweitern und auf diese Weise weitere Mietsteigerungen zu verhindern, gingen die Auffassungen auseinander:

Frau Wiese-von Ofen äußerte sich sehr skeptisch, ob auf diesem Wege Mietsteigerungen verhindert werden könnten. Insoweit bezweifelte sie auch die Wirksamkeit von Galerien und Passagen.

Herr Kläsener plädierte für eine Vergrößerung des Flächenangebots, auch im Zusammenhang mit der Entwicklung der Stadtteilzentren.

7. Hier zeigte sich eine Verbindung mit der Forderung, die Städte sollten sich die *Investitionskraft des Handels* zunutze machen. Der Einzelhandel wälzt ja Kosten auf die Städte ab oder hat es getan - Kosten, die z.B. die Verbesserung der Erreichbarkeit oder die Schaffung öffentlichen Parkraumes betreffen. Schließlich werden die Städte auch bei der Suche nach Standorten in Anspruch genommen. Frau Wiese-von Ofen meinte, die Städte sollten *mehr Selbstbewußtsein* zeigen, sie sollten konsequenter die rechtlichen Möglichkeiten ausschöpfen, soweit es z.B. Ansiedlungsbegehren an nichtintegrierten Standorten betrifft. Phantasie, Kreativität und "guter Wille" führen zu guten Ergebnissen. Wenn man aufeinander zugeht, wird etwas daraus.

8. Schließlich war man sich weitgehend einig, daß größere Flexibilität bei den *Ladenöffnungszeiten* sowohl dem Einzelhandel in der City nutzen würden als möglicherweise auch Versorgern in städtischen Randlagen, die vor allem Vergeßlichkeitsbedarf decken. Von Herrn Kläsener stammte die Formulierung: "Wer beim Dienstleistungsabend mitmacht, gewinnt nichts, wer aber nicht mitmacht, verliert".

Die *Diskussion* entwickelte sich im wesentlichen aus Fragen mehrerer Teilnehmer an die Referenten und an den Moderator. Diese Fragen kamen fast ausschließlich von Vertretern der Städte, und zwar aus den Bereichen Stadtplanung, Stadtentwicklung und Wirtschaftsförderung. Es ging überwiegend darum, Hinweise zu erhalten auf die Behandlung von Ansiedlungsbegehren an nichtintegrierten Standorten, um die Versorgung der Bevölkerung in städtischen Randlagen und um die Möglichkeit der Aufwertung von kleineren Nachbarschaftszentren.

Im Plenum wurden außerdem Zweifel geäußert, ob der Einzelhandel überhaupt Interesse an der Stadtentwicklung habe. Dies wurde für innenstadtorientierte Anbieter eindeutig bejaht, bei den Anbietern an nichtintegrierten Standorten, bei den "Versorgern" also, eher bezweifelt. Je "besser" die Standorte sind, desto stärker ist das Bemühen des Handels, höheren Ansprüchen zu genügen und auch über den Tag hinaus zu denken.

Herr Kläsener plädierte deutlich für die Forderung der gewachsenen Standorte durch die Stadtplanung und für den Versuch, die vorhandene Zentrenstruktur und somit die Zentrenhierarchie zu erhalten. Es blieb allerding unklar, ob auf diese Weise die "Arbeitsteilung" zwischen Versorgungs- und Erlebniskauf und die entsprechende "Arbeitsteilung" zwischen den Standorten gewährleistet wäre. Im übrigen vertrat ein Stadtentwickler die Auffassung, daß die Planer der Einzelhandelsentwicklung nicht ausweichen dürften und auch für großflächigen Einzelhandel Standorte anbieten müssen.

Außerdem wurde gefordert, daß die Städte Vorstellungen von möglichen Einzelhandelsstandorten entwickeln. Sie müßten offensiv Standorte anbieten, z.B. am Rande der Innenstadt für Fachmärkte, damit diese nicht an den Stadtrand oder in Gewerbegebiete ausweichen. Die Städte müßten auch individuell und gleichzeitig flexibel bei Ansiedlungsbegehren Lösungen suchen und auch, wo es angebracht ist, größere Flächen zulassen. Ebenso sollte mit einem Einzelhandelsunternehmen, dessen Optimalstandort nicht genehmigt wird, ein Alternativstandort, ein zweitbester Standort, ausgehandelt werden. Stichwort: Die Städte sollen Rückgrat zeigen.

Herr Schnermann bezeichnete die Neben- und Nachbarschaftszentren als "Sorgenkinder" im Wettbewerb zwischen stärkeren Zentren und der "grünen Wiese". Auf Fragen eines Teilnehmers mußte er zugeben, daß es bisher keine Lösung zur Erhaltung oder Wiederbelebung derartiger kleiner Zentren (mit 400 bis 1.000 m^2) gibt. Der Kunde hat sich entschieden, dort nicht zu kaufen (weil das Angebot nicht attraktiv genug ist). Vielleicht müßte ein neuer Betriebstyp entwickelt werden: aus mehreren kleinen Läden eine neue Betriebseinheit zu schaffen, so etwas wie einen "drugstore".

Zum Schluß wurde von einem Teilnehmer bezweifelt, ob so viele neue Einzelhandelsflächen entstehen müßten, die vielleicht - bei rückläufiger Konjunktur - eines Tages leerstünden. Herr Schnermann plädierte jedoch für ein Überangebot an Flächen, damit suboptimale Flächen durch qualitativ bessere Flächen ersetzt würden. Herr Kläsener ergänzte diese Argumentation mit dem Hinweis, daß Flächen in den Zentren oder in ihrer Nähe am ehesten anders genutzt werden könnten, wenn sie einmal nicht vom Einzelhandel benötigt würden.

3. Verkehr

Thomas Werz

Einzelhandel und Verkehr unter Berücksichtigung der BAG-Untersuchung Kundenverkehr

1. Grundlegendes

Selbst für den Verkehrslaien ist die zukünftige Entwicklung der Motorisierung durch die breite Darstellung in der Öffentlichkeit bekannt geworden. Stellvertretend sei hier die Prognose der Shell AG angeführt. Danach wird der Pkw-Bestand von derzeit 30 Millionen auf knapp 35 Millionen im Jahr 2010 ansteigen. Diese Entwicklung bedeutet besonders für die Zentren der großen Innenstädte eine deutlich erhöhte Belastung.

In der Frage Einzelhandel und Stadtverkehr ist es unbedingt notwendig, sich über die Dimensionen des Einkaufsverkehrs innerhalb des gesamten Verkehrsvolumens einen Überblick zu verschaffen. Das Institut Socialdata in München hat durch die dort vom Verkehrsministerium in Auftrag gegebene Untersuchung "KONTIV" folgendes festgestellt:

Abbildung 1

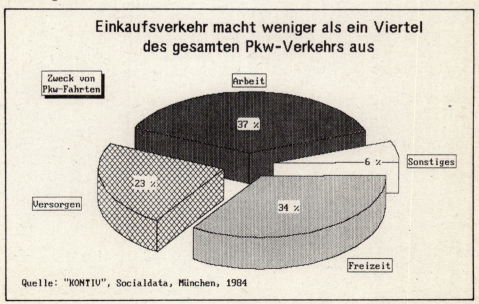

Aus dieser Graphik wird deutlich, daß der Berufsverkehr mit 37 % den weitaus größten Anteil einnimmt, gefolgt vom Freizeitverkehr - dem Segment mit dem größten Wachstumspotential für die Zukunft - und dem Pkw-Verkehr mit dem Zweck "Versorgen". Nicht einmal ein Viertel des Pkw-Verkehrs wird also durch den Einzelhandel hervorgerufen. Berücksichtigt man nun darüber hinaus den gesamten Güterkraftverkehr auf der Straße, reduziert sich der Anteil des Versorgungsverkehrs noch deutlich.

Demgegenüber steht das Einkaufen in der Rangliste ganz oben, wenn man die Bevölkerung von Großstädten nach den Dingen fragt, die sie für besonders wichtig hält. Die Einkaufsmöglichkeiten rangieren hinter der Luftqualität und der Versorgung mit Ärzten und Krankenhäusern an der dritten Stelle. Weit abgeschlagen finden sich Arbeits- und Verdienstmöglichkeiten, Gastronomie und Kultur, die das Schlußlicht bildet.

Abbildung 2

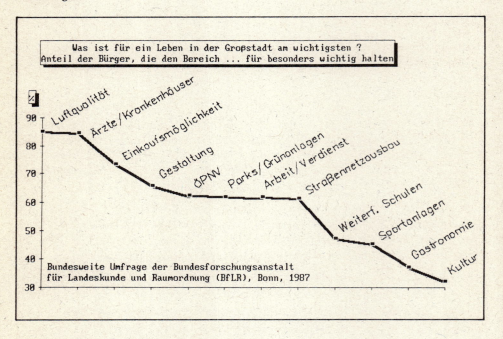

2. Die BAG-Untersuchung Kundenverkehr

Die Bundesgemeinschaft der Mittel- und Großbetriebe des Einzelhandels führt seit 1965 etwa alle vier Jahre eine breitangelegte Befragung von Stadtbesuchern in der Bundesrepublik durch. Bei der letzten Erhebung 1988 sind an drei Tagen im Oktober rd. 1 Mio. Interviews geführt worden.

Ziel der Untersuchung

Ursprünglicher Anlaß für die Untersuchungsreihe war der zu Beginn der 60er Jahre einsetzende Strukturwandel, der sich in verschiedener Hinsicht bemerkbar machte:

- Abwanderung der städtischen Bevölkerung in das Umland,
- veränderte Nutzung der Verkehrsmittel und Anstieg der Mobilität,
- verändertes Einkaufsverhalten.

Es wurde sehr bald klar, daß die Untersuchung Kundenverkehr neben dem einzelbetrieblichen Nutzen wichtige Anhaltspunkte für die Stadt- und Verkehrsplanung liefert.

Ansatz

Nach fast unverändertem Muster seit 1965 wurden 1988 bei der 7. BAG-Untersuchung folgende 13 Merkmale der befragten Personen erhoben:

- Wohnort
- Hauptverkehrsmittel
- Wegzeit
- augenblickliche Herkunft
- letzter Einkauf Zentrum
- letzter Einkauf Haus
- eingekauft oder nicht
- Ausgabebetrag
- Personenanzahl beim Einkauf
- Personenanzahl im Haushalt
- Pkw im Haushalt
- Geschlecht
- Alter

Es wird deutlich, daß die gestellten Fragen Bezüge zur Stadtverkehrsplanung, zur Soziodemographie und zur Betriebswirtschaft haben.

Beteiligung

1965 startete die BAG ihre Untersuchungen mit 149 beteiligten Firmen bzw. Filialen. 1988 waren es bereits 639. Der steile Anstieg der Beteiligung wird sich sicherlich schon 1992 bei der nächsten Erhebung fortsetzen. Dies könnte besonders dann der Fall sein, wenn die Teilnahme auch über die BAG-Mitgliedsbetriebe hinaus eröffnet wird.

Während in der Vergangenheit der Anteil der Warenhäuser bei den beteiligten Betriebsformen überwog, stellte er 1988 nur noch rd. die Hälfte dar. Damit konnte die Repräsentanz der Erhebung deutlich gestärkt werden.

Eines der wichtigsten Ergebnisse der Untersuchung sind die Analysen zur Verkehrsmittelwahl. Danach ist der Pkw eindeutig das beliebteste Verkehrsmittel bei der Fahrt zum innerstädtischen Einzelhandel.

Im Zeitvergleich seit 1965 stellt man fest, daß der Anteil des Pkws deutlich angestiegen ist und der des öffentlichen Personennahverkehrs immer kleiner wird. Die Darstellung nach Werktag und Langem Samstag zeigt nochmals graduelle Unterschiede. Die Aufnahme des Langen Samstags ist von besonderer Bedeutung, da an diesem Tag in manchen Textilhäusern bis zu 30 % des gesamten Monatsumsatzes (!) getätigt werden. Auch in Warenhäusern liegt der Anteil mit rd. 10 % immer noch sehr hoch. Daher sind die Auseinandersetzungen um die Beibehaltung des Langen Samstags verständlich und die Relevanz dieses Tages auch in der verkehrspolitischen Diskussion einleuchtend.

Abbildung 3

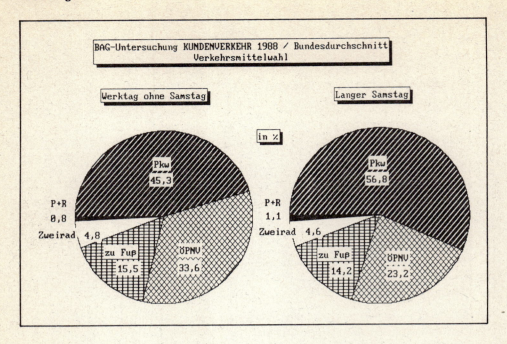

Umsatz nach Verkehrsmitteln

Während niederländische Kollegen festgestellt haben wollen, daß in Utrecht Fahrradfahrer und Fußgänger das meiste Geld in den Einzelhandelsbetrieben ausgeben, sieht es in der Bundesrepublik völlig anders aus. Der Umsatz, der mit Pkw-Kunden gemacht wird, liegt sehr deutlich über dem Durchschnitt; ÖPNV, Fußgänger und Zweiradfahrer liegen darunter bzw. erreichen den Mittelwert gerade.

Diese zwei Faktoren - zum einen die Majorität der Pkw-Kunden, zum anderen deren höhere Ausgabebeträge - führen dazu, daß der Einzelhandel den weitaus größten Anteil seines Umsatzes den Pkw-Kunden zu verdanken hat. Am Werktag liegt dieser Anteil bei rd. 56 %, am Langen Samstag sogar bei 66 %. Gegenüber dem Umsatz, der mit Kunden aus Bussen und Bahnen gemacht wird, liegt der mit Pkw-Kunden zwei- bis dreimal so hoch.

Es gibt wenige deutliche Ausnahmen. In der Stadt München, die traditionell ein sehr gut ausgebautes öffentliches Personennahverkehrsnetz hat (Olympische Spiele!), werden werktags 73 % des Umsatzes mit ÖPNV-Benutzern getätigt, und selbst am Langen Samstag sind es noch 60 %. Der Pkw hat hier eine vergleichsweise untergeordnete Bedeutung. Das Gegenteil stellt die Stadt Saarbrücken dar. Hier werden werktags 73 % des Umsatzes mit Pkw-Kunden getätigt und am Langen Samstag sogar 84 %.

Ortsgrößen- und Städtevergleich

Stark abhängig sind die Verkehrsmittelanteile und die damit zusammenhängenden Umsatzverteilungen von der Ortsgröße. Grundsätzlich gilt: Je kleiner der Ort, desto höher die Pkw-Quote. Umgekehrt verhält es sich mit dem Anteil des öffentlichen Personennahverkehrs.

Abbildung 4

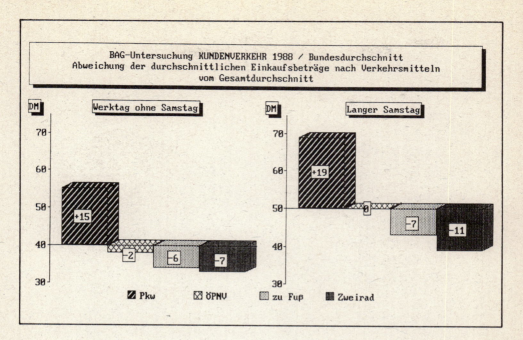

Abbildung 5

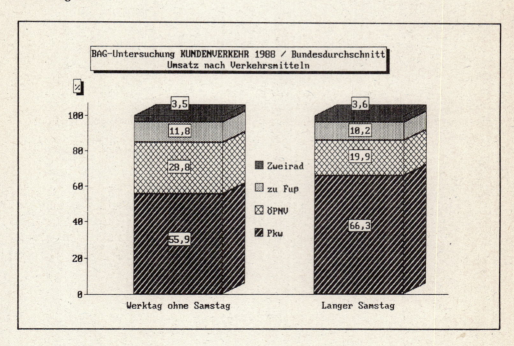

Abbildung 6

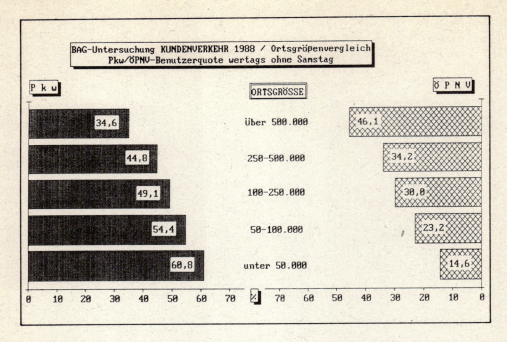

Das was für den Werktag dargestellt ist, gilt für den Langen Samstag entsprechend, nur liegen die Pkw-Anteile dann um rd. 10 % höher und die ÖPNV-Anteile um rd. 10 % niedriger.

Bedenkenswert ist in diesem Zusammenhang die Tatsache, daß 98 % (!) aller bundesdeutschen Städte und Gemeinden weniger als 50.000 Einwohner haben, also zu der in der Abbildung 7 dargestellten Gruppe gehören. Diese kleinen und kleinsten Städte werden auf lange Sicht kaum die Möglichkeit haben, ein wesentlich besser ausgebautes ÖPNV-Netz zu knüpfen. Daher bleibt der Pkw hier auf lange Sicht ohne Alternative. Lediglich für 2 % aller bundesdeutschen Städte und Gemeinden dürfte sich somit eine Förderungsstrategie des öffentlichen Personennahverkehrs als sinnvoll erweisen. Dies sollte bei der Verkehrsdiskussion immer berücksichtigt werden.

Aber auch innerhalb einer Ortsgrößenklasse sind die Strukturen bei der Verkehrsmittelwahl äußerst unterschiedlich. Am Beispiel verschiedener Städte der Klasse zwischen 100.000 und 250.000 Einwohnern wird dies deutlich.

Betrachtet man nun die Extreme Saarbrücken und Freiburg, spielt sicherlich eine Rolle, daß in Saarbrücken die Straßenbahn abgeschafft wurde, während in Freiburg eine konsequente Förderung der ÖPNV stattgefunden hat. Ähnlich, wie für den Werktag dargestellt, sieht übrigens die Verteilung am Langen Samstag aus.

Unter den Großstädten nimmt München eine Sonderstellung ein. Die Anteile für den öffentlichen Personennahverkehr liegen bei der Stadtbevölkerung an manchen Tagen bei über 80 %. Etwas abgeschlagen folgen Städte in Nordrhein-Westfalen, wie z.B. Köln, Essen und Düsseldorf. Vielleicht liegt ein Erklärungsansatz hierfür darin, daß Busse und Bahnen in München pro Tag mit einer Mio. DM subventioniert werden, also im Jahr mit 360 Mio. DM, während für ganz Nordrhein-Westfalen lediglich 600 bis 700 Mio. DM zur Verfügung stehen. Das Beispiel Mannheim zeigt, daß selbst bei Großstädten eine Benutzerquote für den ÖPNV von lediglich 20 % möglich ist.

Abbildung 7

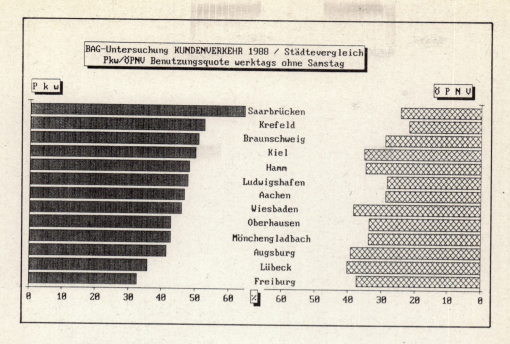

Entwicklung von Nebenzentren

Die BAG-Untersuchung Kundenverkehr bezieht auch Nebenzentren der Städte mit über 500.000 Einwohnern ein. Hier zeigt sich eine sehr interessante Entwicklung. Von 1984 auf 1988 ist der Anteil der Pkw-Benutzer drastisch angestiegen.

Abbildung 8

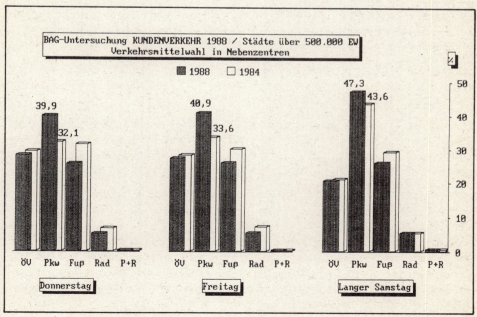

Es fand offensichtlich ein Austausch zwischen Fußgängern und Pkw-Fahrern statt, denn die Anteile für Fußgänger sind um einen ähnlichen Betrag gesunken. Dieser Umstand macht deutlich, daß die Nahbevölkerung der Nebenzentren zu Teilen von den eigenen Füßen auf den Pkw umgestiegen ist. Dies ist um so bedeutender, als rd. 85 % der Besucher der untersuchten Nebenzentren aus dem Stadtgebiet kommen und nur etwa 15 % von außerhalb.

Bedeutung der auswärtigen Kunden

Für die Herkunft der Besucher von Einzelhandelsbetrieben gibt es grundsätzlich zwei Möglichkeiten: Entweder sie wohnen innerhalb der Stadtgrenzen oder außerhalb. Wie beim Anteil des Pkw läßt sich hier vereinfachend festhalten: je kleiner der Ort, desto mehr Kundschaft von außerhalb.

Die Begründung liegt auf der Hand, denn je kleiner ein Ort ist, desto weniger Eigenbevölkerung hat er und um so eher überwiegen die Umlandbesucher bei der Tagesbevölkerung. Anteile auswärtiger Besucher von rd. 50 % in Orten mit weniger als 50.000 Einwohnern zeigen die große Bedeutung dieses Kundenkreises. Aber auch die Hauptzentren der Metropolen liegen mit bis zu 45 % Umlandanteilen im oberen Bereich. Hier machten sich die hohe Zentralität und die Angebotsvielfalt bemerkbar.

Äußerungen wie die des ehemaligen nordrhein-westfälischen Verkehrsministers Dr. Zöpel, Düsseldorf ziehe mehr Einkaufsverkehr an als "vernünftig" sei, sind in diesem Zusammenhang gefährlich und verzerrend. Zum einen ist die oberzentrale Bedeutung einer Stadt wie Düsseldorf politisch gewollt - und damit auch die Intensität ihrer Verkehrsströme -, zum anderen ist der Einzelhandel, wie eingangs dargestellt, nur einer von vielen Verkehrserzeugern. Niemand würde verlangen, daß das Düsseldorfer Schauspielhaus oder die Kölner Philharmonie die Gäste aus den umliegenden Städten und Gemeinden aussperrt.

Abbildung 9

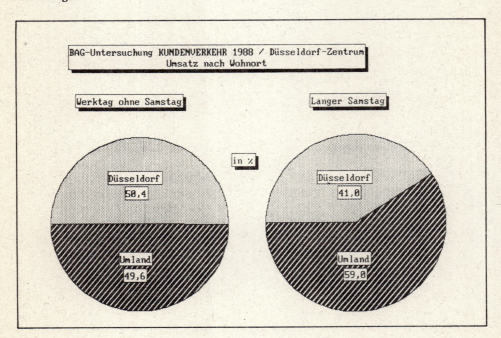

Die überragende Bedeutung des Düsseldorfer Einzugsgebietes für den Einzelhandel wird aus den Umsatzanteilen deutlich.

Auf Umsatzanteile von 50 bis 60 % durch Kunden, die außerhalb von Düsseldorf wohnen, kann der innerstädtische Einzelhandel der Landeshauptstadt nicht verzichten.

Die Analysen aus der Untersuchung Kundenverkehr werden von der BAG vielfach an Verwaltungen und Forschungsinstitute verkauft. Dadurch kam es in mehreren Fällen zu überraschenden neuen Interpretationsvarianten. Besonderer Beliebtheit erfreut sich eine Vorgehensweise, die den gesamten Umlandanteil einfach außer acht läßt. So ergibt sich bei der Verkehrsmittelwahl zwangsläufig eine dramatische Unterschätzung des Pkw-Anteils. Es versteht sich von selbst, daß die Stadtbewohner zu einem geringeren Anteil den Pkw benutzen als Auswärtige, da eher eine Alternative gegeben ist. Am Beispiel Limburg soll verdeutlicht werden, zu welchen Fehlinterpretationen diese Selektion führen kann.

Die Limburger kommen zu 40 % zu Fuß ins Zentrum - ein äußerst hoher Anteil und für manchen Planer vielleicht eine Versuchung, großangelegte Fußgängerbereiche zu installieren. Aus dem Umland aber kommt selbstverständlich niemand zu Fuß. Bedenkt man nun, daß lediglich 29 % der Gesamtbesucherschaft aus der Stadt Limburg kommt und immerhin 71 % außerhalb der Stadtgrenzen wohnen, erkennt man die Verzerrungsmöglichkeiten dieser Analyse. Erst die Zusammensetzung aller Kundenstämme führt zu einem interpretationswürdigen Ergebnis.

Abbildung 10

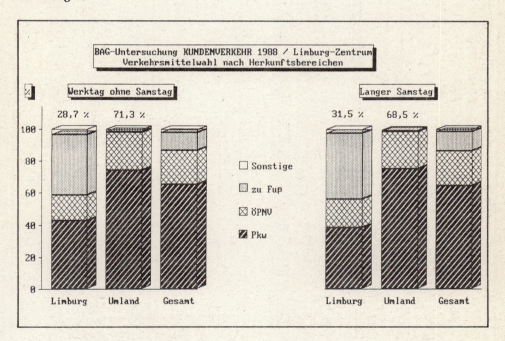

Das Beispiel Berlin

Berlin läuft bei der BAG-Untersuchung Kundenverkehr außer Konkurrenz mit. Dies liegt einfach an dem bis zum 9. November 1989 fehlenden Einzugsbereich im Umland. Berlin gehört zu den Großstädten mit einem hervorragend ausgebauten öffentlichen Personennahverkehrssystem. Daher verwundern die Anteile von bis zu 45 % für Busse und Bahnen nicht. Allerdings sind im Vergleich von 1984 zu 1988 Abnahmen festzustellen.

Abbildung 11

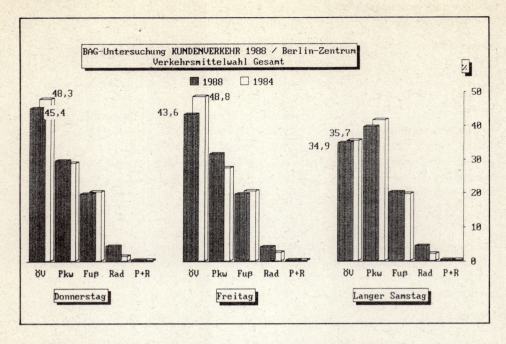

Die Abnahmen für den ÖPNV um 3 bis 5 % entsprechen den Zunahmen für den Zweiradverkehr in ähnlicher Höhe. Hier deutet sich an, daß in größerem Umfang ein Umsteigen vom Zweirad auf Busse und Bahnen vollzogen wurde. Mit anderen Worten: Hier nehmen sich umweltfreundliche Verkehrsmittel gegenseitig die Kunden fort.

3. Strategien

Da dieses Referat vornehmlich der Darstellung einer Status-quo-Analyse dient, soll nur stichwortartig auf Lösungsansätze zur Verkehrsproblematik eingegangen werden. Ein herausragender Punkt der Auseinandersetzung ist das Umsteigen vom Pkw auf öffentliche Nahverkehrsmittel.

"Für den Einkaufs- und Erledigungsverkehr, der während des Tages nach Abschluß des morgendlichen Berufsverkehrs auftritt, sind Verlagerungen vom motorisierten Individualverkehr zum ÖPNV nur begrenzt möglich. Da diese Verkehrsströme eine geringere Konzentration aufweisen als die Verkehrsströme im Berufsverkehr, fehlt einerseits die wirtschaftliche Grundlage für eine durchgreifende Verbesserung des ÖPNV zu dieser Tageszeit. Andererseits sind Einschränkungen des motorisierten Individualverkehr-Angebots für den Einkaufs- und Erledigungsverkehr problematisch, weil dadurch die Zugänglichkeit der Innenstadt eingeschränkt wird und es zu unerwünschten Verlagerungen von Geschäften und anderen Dienstleistungseinrichtungen aus der Innenstadt an den Stadtrand kommen kann."

Diese Einschätzung aus dem Verkehrskonzept von Prof. Kirchhoff für Saarbrücken wird voll bestätigt durch die Ergebnisse der Untersuchung Kundenverkehr. Die Besucherfrequenz setzt hiernach erst gegen 10.00 Uhr stärker ein - einem Zeitpunkt also, zu dem der Berufsverkehr längst abgewickelt ist.

Verschiedene Einzelhändler haben erkannt, daß "umweltfreundliche Werbung" Imagegewinn bedeuten kann. So gibt es einige Versuche, durch teilweise Rückerstattung der Fahrtkosten von Bussen und Bahnen Kunden zu akquirieren.

Gegenüber einer solchen Werbestrategie müssen erhebliche Bedenken geäußert werden. Die Rechtslage ist z.Z. unklar. Neben positiver Rechtsprechung überwiegt die Ablehnung durch Gerichte mit der Begründung des Verstoßes gegen das Rabattgesetz und die Zugabeverordnung. Jeder Einzelhandelsunternehmer, der diese Rückvergütung vornimmt, muß also mit gerichtlichen Konsequenzen rechnen.

Ein anderer Punkt ist die betriebswirtschaftliche Rechnung. Was für einen kleinen Einzelhändler kaum zu Buche schlägt, kann für ein großes Unternehmen teuer werden. Der Kaufhof/Hohe Straße in Köln hat pro Jahr rd. 10 Millionen Besucher, davon sind 60 % Kunden und hiervon kommen bereits heute rd. 40 % mit Bussen und Bahnen. Das bedeutet, daß rd. zweieinhalb Millionen Kunden berechtigt wären, eine Rückvergütung in Anspruch zu nehmen. Bei einem angenommenen Betrag von 1 DM sind das zweieinhalb Millionen DM Kosten für das Unternehmen pro Jahr.

Darüber hinaus ist der erhoffte Erfolg der Aktion - nämlich das Umsteigen vom Pkw auf den öffentlichen Personennahverkehr - äußerst fraglich. Wenn in München bereits heute 70 bis 80 % öffentliche Verkehrsmittel nutzen, so ist das Potential weitestgehend ausgeschöpft, weitere Umlagerungen sind fast ausgeschlossen.

Während eine solche Rückvergütung also genau überlegt werden sollte, ist von der folgenden Methode dringend abzuraten. Ein Düsseldorfer Geschäftsmann, der mit Unterhaltungselektronik handelt, versuchte, auf eine sehr eigenwillige Art und Weise Parkraum zu schaffen: Er rief aufgrund von Parkplatzknappheit alle Besucher seines Hauses dazu auf, ruhig falsch zu parken und sich das fällige Strafmandat von ihm ersetzen zu lassen. Diese Aktion ging allerdings nur einen Tag lang gut.

Abbildung 12

Ganzseitige Anzeige aus der
"Westdeutschen Zeitung" vom 17.10.1987

Norbert Göbel

Verkehrspolitik - Das Beispiel der Stadt Freiburg im Breisgau

1. Ausgangslage

Das Auto hat das "Leben in der Stadt" entscheidend verändert. Seine permanente, nicht enden wollende Zunahme und Akzeptanz schafft Probleme, von denen alle Bewohner der Stadt betroffen sind: Das Auto - ein Symbol des Wohlstands - in der Masse wird es zum Notstand!

Lösungen zu dieser Entwicklung sind weder leicht zu finden und schon gar nicht schnell durchzusetzen, insbesondere dann nicht, wenn die Bürger in den Entscheidungsprozeß einbezogen sind. Zur Organisation: Verantwortlich für die Verkehrsplanung ist bei der Stadt Freiburg i.Br. das Tiefbauamt.

In der Fremdenverkehrsstadt Freiburg - die u.a. für ihre Verkehrspolitik, ihre umweltfreundlichen Verkehrslösungen und die "Umweltschutzkarte" bekannt geworden ist - sind die "Zeichen der Zeit" schon früh erkannt worden.

Ich möchte Ihnen Freiburg kurz vorstellen: Die Stadt liegt im Oberrheintal, am Fuße des Schwarzwaldes. Sie ist eine Stadt der Ebene, auch wenn auf der Gemarkung der 1284 m hohe "Schauinsland" liegt. Gegründet im Jahr 1120 ist Freiburg im Ursprung eine mittelalterliche Stadt mit für die Entwicklung weitreichenden Konsequenzen.

Heute hat das "Oberzentrum im Südwesten" 176.000 Einwohner, 110.000 Arbeitsplätze - überwiegend im tertiären Bereich -, 27.000 Studenten.

2. Die Verkehrskonzeption - ein integriertes System

Verkehr in einer Stadt muß immer als Ganzes verstanden werden. Die Verkehrskonzeption Freiburgs beinhaltet ein klar abgestuftes, integriertes System, eine Aufgabenteilung zwischen Fußgängerverkehr, Radfahrverkehr, öffentlichem Nahverkehr sowie dem motorisierten Verkehr.

Verkehrsplanung ist Teil der Stadtentwicklung und muß zum Ziel haben: Erhalt und Verbesserung der Umwelt und des Umfeldes. Dazu zählen:

- Eine generelle Reduzierung des Autoverkehrs im Stadtgebiet. Die umweltfreundlichen Verkehrsarten, der Fußgängerverkehr, der Radfahrverkehr, der öffentliche Nahverkehr, müssen gestärkt werden.
- Die Einrichtung verkehrsberuhigter, fußgängerfreundlicher Bereiche. Flächendeckende Verkehrsberuhigung ist kein Schlagwort mehr! Der motorisierte Individualverkehr muß gedämpft und in Wohnstraßen langsamer fahren.
- Kraftfahrzeugverkehr, der zur Versorgung der Stadt notwendig ist, muß auf wenigen, aber leistungsfähigen Straßen gebündelt und möglichst in umweltfreundlicher Lage geführt werden.

Im Klartext heißt das: Autoverkehr reduzieren, den Gebrauch des Autos minimieren. Diese Zielsetzungen wurden in den letzten Jahren energisch angegangen, in weiten Teilen umgesetzt und verwirklicht. Die Verkehrsanteile - der Modal-Split - im Binnenverkehr wurden zugunsten des umweltfreundlichen Verkehrs innerhalb von zehn Jahren deutlich verändert (vgl. Tabelle):

Tabelle : Modal-Split in Freiburg i.Br. (Fahrten/Tag)*

	1975		1986	
	abs.	in %	abs.	in %
Rad	69.500	18	120.000	27
ÖPNV	85.000	22	98.000[1]	22[1]
Kfz	231.000	60	232.000	51
Insgesamt	385.000		450.000	

*Quelle: Erhebungen der Stadt Freiburg i.Br.

1 Zählung 1987 = 117.000 Fahrten.

Zu beachten ist: Die Mobilität im Binnenverkehr, das heißt die Fahrtenhäufigkeit pro Tag, hat insgesamt über alle Verkehrsarten zugenommen. Trotz erheblicher Zunahme des Kraftfahrzeugbestandes auf heute 87 000 Fahrzeuge blieb die Zahl der Kraftfahrzeugfahrten im Binnenverkehr der Stadt weitgehend konstant. Der Anteil der Radfahrten nahm ebenso zu wie die Akzeptanz der öffentlichen Nahverkehrsmittel. Dank "Umweltkarte" und "neuer Stadtbahn" nahm die Zahl der Beförderungsfälle bis 1988 um 5,4 %, 1989 erneut um 9,9 % zu.

3. Die Verwirklichung der Konzeption und ihre politische Durchsetzbarkeit

3.1 "Flächendeckende Verkehrsberuhigung" - kein Schlagwort

"Flächendeckende Verkehrsberuhigung" ist im politischen Raum ein fest verankerter Begriff. Das zeigen die vielen Anträge, die permament der Freiburger Verwaltung zur Verkehrsberuhigung vorgelegt werden; das Thema wurde von Anfang an in der Öffentlichkeit und im Stadtrat sehr ernst genommen.

Die "Fußgängerzone Innenstadt" ist erstes Beispiel einer flächendeckenden Verkehrsberuhigung der Anfangszeit, sie wurde bereits Ende 1973 nach mehrjähriger Vorbereitung für den gesamten durchgehenden Verkehr gesperrt. Eine Fläche von 600 mal 700 m wurde vom Autoverkehr befreit. Bis zu diesem Zeitpunkt fuhren über 30.000 Kraftfahrzeuge pro Tag durch die Haupt-Nord-Süd- und die Ost-West-Straße. Kommunalpolitisches Ziel war seinerzeit, die Marktfunktion der Innenstadt gegenüber den "Märkten auf der grünen Wiese" zu stärken, aber auch mehr Qualität für die Bewohner zu schaffen - das heißt, das "Wohnen" in der Innenstadt zu erhalten und zu verbessern.

Als Instrument der Verkehrsumlenkung diente der - Anfang der 70er Jahre fertiggestellte - vierspurige Innentangentenring. Erschließung und Versorgung für den Lieferverkehr der Innenstadt sind in einem Dreistufenplan geregelt: "reine" Fußgängerzone, das sind Straßen ohne Kraftfahrzeugverkehr, sowie Straßen mit und ohne zeitliche Lieferbeschränkung. Optimal ist die Versorgung mit öffentlichen Nahverkehrsmitteln: Planerisches Ziel war, die Straßenbahnhauptlinien in Nord-Süd- und Ost-West-Richtung durch das "Herz der Stadt" fahren zu lassen. Auch ein Großteil der Buslinien sollte durch die zentrale Kaiser-Joseph-Straße fahren. Am Anfang gab es erhebliche Kritik, ob es sinnvoll sei, Straßenbahn und Bus in einer Fußgängerzone zu belassen. Die Kritik ist längst verstummt: Straßenbahn und Bus, die mit reduzierter Geschwindigkeit (25 km/h) fahren, werden voll akzeptiert, am Abend sind sie sogar ein belebendes Element in der Innenstadt.

Besonderen Wert legte die Bauverwaltung immer auf die Gestaltung der öffentlichen Räume. Dazu gehören zum Beispiel die traditionellen Natursteinbeläge, das klassische Rheinkieselpflaster, aber auch die historischen "Stadtbächle", die als altes und modernes Gestaltungselement im Straßenraum dienen. In der Kritik wird die Innenstadt von Bewohnern und Besuchern positiv bewertet. Der Einzelhandel war ursprünglich gegen die Fußgängerzone eingestellt, hat aber seine Auffassung längst geändert, ist heute großer Befürworter, fordert aber mehr öffentlichen Parkraum.

Die Quartiere um die Innenstadt, die Innenstadtbereiche, zeichnen sich aus durch hohe bauliche Dichte, erheblichen Durchgangsverkehr in den Stadtteilen, durch großen Parkdruck von Dauerparkern, verursacht durch die Fußgängerzone Innenstadt, verkehrsintensive Betriebe, Geschäfte, Behörden, Gewerbebetriebe oder auch von Unterzentren. Ziel ist hier die Verbesserung des Wohnumfeldes - Verbesserung der Aufenthaltsfunktion und Erhöhung der Sicherheit. Dabei muß die Erreichbarkeit der Geschäfte für motorisierte Kunden gesichert bleiben. Hierzu einige Beispiele:

- Das "Rotlaubviertel" ist ein typisches Beispiel eines "zugeparkten" Stadtquartiers, es gibt kein Grün in der Straße. Durch die Umgestaltung des gesamten öffentlichen Raums mit vielen Bäumen und den Bau einer Tiefgarage für 185 Stellplätze sowie die Ausschilderung "Frei für Anlieger" konnte schon Ende der 70er Jahre eine anliegerfreundliche Verkehrslösung geschaffen werden.
- Der Stadtteil "Beurbarung" - er liegt in unmittelbarer Nähe des Rotlaubviertels - litt unter stadtteilquerendem Verkehr. Zwei Diagonalstraßen wiesen eine Belastung von 8.000 bzw. 4.500 Fahrzeugen/16 Stunden auf. Heute gibt es dort nur Anliegerverkehr.
- Der Stadtteil "Stühlinger", ein mehrfach belasteter Stadtteil mit starkem Durchgangsverkehr auf der Nord-Süd-Achse, der Eschholzstraße, und als ein "Dauerparkplatz" für die Bediensteten der Innenstadt. Die hier bei der Planung heiß umstrittene Stadtbahn erhielt nicht nur eine eigene Gleiszone, gleichzeitig wurde auch ein erheblicher Straßenrückbau zu einem gut gestalteten Fußgängerbereich realisiert. Dazu wurde eine Quartiersgarage neu gebaut. Seit Mitte der 70er Jahre wurden bei allen neuen Baugebieten schon in der ersten Planungsphase fußgängerfreundliche Bereiche - mit vielen Bäumen - ausgewiesen.
- Bei den "Rosenstauden" handelt es sich um ein Mischgebiet im Freiburger Westen; es ist das älteste Gebiet mit durchgehendem Fußgängerbereich; der Umbau erfolgte schon Mitte der 70er Jahre.
- Das "Gutleutviertel" in Haslach - hier wurde das Gelände eines ehemaligen ausgelagerten Industriebetriebes völlig neu gestaltet.
- Der alte Ortskern "Betzenhausen" an der St.-Thomas-Kirche wurde fußgängerfreundlich umgestaltet, nachdem der Verkehr - 13.000 Kfz/Tag - ausgelagert worden war.
- Es gibt auch Maßnahmen mit geringem baulichen Aufwand, wie die "Emil-Gött-Straße", ein Beispiel, wie Bürger Verkehrsberuhigung verstehen - von der Erprobung zur Ausführung.
- Tempo-30-Zonen: Heute wohnen 70 % der Bewohner Freiburgs in einer Tempo-30-Zone; bis Ende des Jahres werden die restlichen Wohnquartiere ausgeschildert. Für die Stadt ist damit die gesamte Tempo-30-Aktion im Grundsatz abgeschlossen.

Zwei herausragende Beispiele: Eine vorfahrtberechtigte Hauptstraße durch ein Villengebiet in der Nordstadt wird 1988 in langjähriger Absprache mit dem örtlichen Bürgerverein und den örtlichen Parteien durch Beschluß des Verkehrsausschusses abgestuft. Jetzt gilt rechts vor links. Hatten wir ursprünglich 16.000 Kfz/16 Stunden, so sind es heute noch 11.000. Bei einer anderen Hauptstraße, auf der die Buslinie 14 verläuft, bleibt die Vorfahrt, das Tempo ist aber auf 30 km/h beschränkt.

3.2 Öffentlicher Nahverkehr

Im Gegensatz zu vielen anderen Städten in der Bundesrepublik hat die Stadt Freiburg die klassische Straßenbahn erhalten und in den letzten Jahren ausgebaut. Selbstverständlich waren und sind die Führung auf eigenem Gleiskörper und das kreuzungsfreie Überqueren von Barrieren, Hauptverkehrsstraßen oder Bahnanlagen sowie Priorität gegenüber dem Kraftfahrzeugverkehr an den ebenerdig querenden Straßen. Die Straßenbahn muß städtebaulich in der "richtigen" Lage liegen, möglichst als Achse durch die Bebauungsschwerpunkte. Dazu gehört natürlich auch eine entsprechende Attraktivität im Wagen- und Fahrplanangebot.

Die Stadtbahn nach Landwasser: Mit einem Aufwand von rund 90 Mio. DM wurde die Straßenbahn in den Westen als Durchmesserlinie in Fortsetzung der bestehenden Linie von den östlichen Stadtteilen ins "Herz der Stadt", dem Bertoldsbrunnen, auf eigenem Gleiskörper, dem grüne Rasenbahnkörper, ausgebaut. Ergebnis ist eine Halbierung der Fahrzeit der Buslinie von früher 23 Minuten auf heute elf Minuten mit der Straßenbahn. Kernstück ist die Brücke über den Hauptbahnhof mit Zu- und Abgängen zu den Bahnsteigen der Deutschen Bundesbahn.

An den Endpunkten mit Wendeschleifen befinden sich die Haltestellen der regionalen Buslinien. Sie bringen die Fahrgäste aus der Region, die dort in die Stadtbahn umsteigen können. Die "Aufsattelung" der Regionalbuslinien hat sich hervorragend bewährt; die Nachteile des Umsteigens werden durch die dichte Zugfolge der Stadtbahn - im Außenbereich mit "Sitzplatzgarantie" - und die hohe Geschwindigkeit mehr als kompensiert. Außerdem liegen hier die Park-and-ride-Plätze.

Dank guter Planung und zahlreicher flankierender Maßnahmen ist die Akzeptanz auf der neuen Stadtbahnlinie hervorragend, ja der öffentliche Nahverkehr gewinnt ständig neue Fahrgäste. Die Einrichtung weiterer Stadtbahnlinien ist in Freiburg ein "politischer Selbstläufer".

Politisch völlig unumstritten ist daher auch der Ausbau einer Südwest-Linie, bei der der planerische Teil abgeschlossen ist; Baubeginn: Frühjahr 1990 (Baukosten: 48 Mio. DM). Wir haben eine P+R-Konzeption für das gesamte Stadtgebiet entwickelt. Zur Verfügung stehen 900 gebaute Stellplätze an den Endpunkten der Stadtbahn, dazu 1600 Stellplätze auf Behördenparkplätzen und auf dem Meßplatz. Damit stehen 2500 Stellplätze am Wochenende zur Verfügung. Zur Einstimmung des Autofahrers haben wir große, graphisch gestaltete Werbetafeln an allen Einfallstraßen installiert, über 80 P+R-Wegweiser führen mit einem besonderen Signet zum jeweiligen P+R-Parkplatz. Als Großaktion haben wir über 240.000 Faltblätter in der Region und in der Stadt verteilt; dazu gibt es einen P+R-Tarif, der ankommt: 6 DM für zwei Erwachsene und vier Kinder, die innerhalb von 24 Stunden beliebig oft mit dieser Karte auf dem Streckennetz fahren können.

3.3 Das Radverkehrsnetz

1972 gab es in Freiburg nur 29 km Radwege; diese Wege waren nicht miteinander verknüpft. Heute setzt sich das ca. 400 km lange, verbundene Radverkehrsnetz zusammen aus

- selbständig geführten Radwegen (45 km),
- straßenbegleitenden Radwegen (100 km),
- verkehrsberuhigten Bereichen und Straßen mit geringer Kfz-Belastung (140 km ohne Tempo-30-Zonen),
- Wald- und Wirtschaftswegen (115 km).

Den ersten "Radwegeplan" haben wir 1970 erarbeitet und uns für eine stärkere finanzielle Förderung engagiert. Am Anfang lagen die Beträge etwa bei 200.000 DM pro Jahr, seit 1980 investieren wir Millionen. Heute veranschlagen wir im Jahr etwa 3 bis 5 Millionen für den Ausbau des Radverkehrsnetzes mit den notwendigen Abstellplätzen. Insgesamt hat die Stadt bisher über 35 Millionen DM für das Radverkehrsnetz ausgegeben.

3.4 Bündelungsstraßen und Straßenrückbau

Um die Zielsetzungen unserer Verkehrspolitik mittel- und langfristig durchsetzen zu können - bei großen Anstrengungen im öffentlichen Nahverkehr und im Radverkehr -, ist der Bau von Bündelungsstraßen für den "notwendigen" Verkehr, möglichst in umweltfreundlicher Lage, in Zukunft lediglich zur Netzergänzung erforderlich. Eine ca. 8,5 km lange Entlastungsstraße wurde im vergangenen Jahr dem Verkehr übergeben; diese "Westrandstraße" ist interessanterweise politisch unumstritten. Mit der Fertigstellung der Westrandstraße haben wir eine große, mit 27.000 Fahrzeugen belastete innerstädtische Nord-Süd-Achse von vier auf zwei Spuren reduzieren können.

Diese Achse, die "Eschholzstraße", hatte zwischen den Hausfluchten vier Spuren, zwar beiderseits Geh- und Radwege, aber keine Parkbuchten und keine Abbiegespuren nach links, auf beiden Seiten war das Parken zugelassen. Die Maßnahme findet hohe Akzeptanz bei Bewohnern und Geschäftsleuten: Die Geschwindigkeit wurde reduziert, der Geräuschpegel vermindert. Die städtebauliche Gesamtsituation ist optisch sehr viel attraktiver geworden. Von einer Rücknahme dieser Entscheidung ist keine Rede mehr.

3.5 Das Parken

Das Parken ist heute das zentrale Problem in den Städten, denn die Lust, ein oder mehrere Fahrzeuge zu besitzen, ist ungebrochen. Das wirkt sich aus! Aber wo bleiben die Stellplätze? Wir haben heute rund 76.000 Pkw. Bei gleichbleibender Bevölkerungszahl muß mit einem Bestand von ca. 95.000 Pkw im Jahr 2000 in Freiburg gerechnet werden. Das sind ca. 20.000 Pkw mehr gegenüber dem Stand von heute. Diese Entwicklung ist alarmierend. Die Belästigungen und Belastungen durch abgestellte Fahrzeuge in den Innenstadtrandgebieten sowie in der eigentlichen Innenstadt nehmen permanent zu. Da heute die Kraftfahrzeuge rd. 22 Stunden am Tag stehen, wird sich mit Zunahme der Vollmotorisierung diese Tendenz verstärken. Da jeder zur gleichen Zeit nur ein Auto bewegen kann, werden die Fahrzeuge zu "Stehzeugen". Die daraus resultierenden Flächenansprüche sind immens: 12.000 zusätzliche Pkw verstellen minimal 14,5 ha - eine Fläche in der Größe von 24 Fußballplätzen. Auf diese Herausforderung gibt es nur den Hinweis, daß es unmöglich ist, für alle Fahrzeuge die entsprechenden Plätze im öffentlichen Raum der Stadt bereitzustellen. Die Antwort kann nur lauten - als Perspektive für die Zukunft: Förderung des umweltfreundlichen Verkehrs sowie Bewirtschaftung des öffentlichen Raumes! Die Bewirtschaftung des Parkens wird somit eine "wichtige Stellschraube" städtischer Verkehrspolitik. Das hat Folgen: Mit der Gebührenerhöhung von 1 DM auf 2 DM/Stunde an der Parkuhr im November 1989 gibt es wieder freie Parkplätze in der Innenstadt. Die Erweiterung der Gebührenzone ist beschlossen, bedarf aber sorgfältiger Abwägung mit den Anwohnern (Erteilen von Anwohnerbevorrechtigungen). Und mit dazu gehört auch eine entsprechende Überwachung.

Abschließend einige Thesen zum Thema "Einzelhandel und Stadtentwicklung":

1. Zur Attraktivität der Stadt gehören Lebendigkeit und Vielfalt, Aufenthaltsqualität, angenehmes Umfeld und Angebotsdichte. Erst die Kombination macht den Wert der Stadt aus und ist Ziel der Stadtentwicklung.

2. Verkehrspolitik ist Teil der Stadtentwicklung und berücksichtigt auch die Belange des Einzelhandels.

3. Die Versorgung der Stadt ist ein Grundbedürfnis - daraus entstehender Verkehr ist notwendiger Verkehr.

4. Die Erreichbarkeit des Angebotsmarktes für die Kunden ist nur eine, aber notwendige Voraussetzung für die Attraktivität der Stadt, das heißt aber nicht nur Erreichbarkeit mit dem Auto.

5. Die Aufenthaltsqualität der Stadt muß erhalten und verbessert werden; der flächensparende, umweltfreundliche Verkehr - ÖV, Rad und Fußgänger - erhält in den zentralen Stadtbereichen Priorität!

6. Für Kunden und Bewohner wird der kostbare öffentliche Raum in der Stadt immer knapper; er muß bewirtschaftet werden. Dabei ist abzuwägen zwischen den Bedürfnissen der Bewohner und den Parkwünschen von Kunden und Besucher; die Anlieferung muß gesichert bleiben.

7. Die Einrichtung von P+R-Plätzen in den Randbereichen ist zu fördern; kostenintensive Parkbauten in der Innenstadt bringen nur beschränkte Lösungen für die Zukunft.

8. Jeder Rückbau einer Straße zu einem qualitativ besseren Umfeldbereich erhöht die Attraktivität der Stadt.

Ich hoffe, ich konnte Ihnen in der gebotenen Kürze verdeutlichen, wie in Freiburg durch ein breitgefächertes Maßnahmenbündel eine Veränderung der Fahrgewohnheiten erreicht werden konnte, von der auch der Einzelhandel profitiert. Wir werden in den nächsten Jahren weiterhin intensiv an einem angebotsorientierten Verkehrsnetz im Bereich des öffentlichen Nahverkehrs, des Radfahrer- und Fußgängerverkehrs arbeiten, um das Leben in der Stadt zu verschönern; der politischen Unterstützung bin ich mir sicher. Diese Bemühungen sollten auch durch den Einzelhandel erkannt und gefördert werden. Den Vertretern des Einzelhandels möchte ich in diesem Sinne Erfolg für ihre Bemühungen in ihren Städten wünschen.

Dieter Kanzlerski

Ergebnisse der Arbeitsgruppe "Verkehr"

Allgemeiner Grundkonsens bestand bei den Teilnehmern der Tagung darüber, daß die Bedeutung der Verkehrsproblematik im gesamten Themenkomplex "Einzelhandel und Stadtentwicklung" in der letzten Zeit weiter zugenommen hat. Viele Vertreter der Kommunen sehen in der Bewältigung des Verkehrs geradezu das Schlüsselproblem künftiger Stadtentwicklung.

Dabei ist grundsätzlich festzustellen, daß die Notwendigkeit einer Neuordnung des Stadtverkehrs im Sinne von Verkehrsberuhigung inzwischen auch von den Vertretern des Handels anerkannt wird. Insofern sind Maßnahmen zur Verkehrsberuhigung auch in städtischen Einkaufsbereichen prinzipiell weitgehend akzeptiert. Gleichwohl bestehen nach wie vor erhebliche Auffassungsunterschiede darüber, in welcher Weise dies in ausgewogenen Gesamtverkehrskonzepten konkret geschehen soll und welches Gewicht dabei den verschiedenen Verkehrsarten zukommt. Dies zeigte sich auch in den Einführungsvorträgen der Arbeitsgruppe "Verkehr".

Eingangs gab Herr Werz von der Bundesarbeitsgemeinschaft für Mittel- und Großbetriebe des Einzelhandels (BAG) einen Überblick über das Verkehrsverhalten im Einkaufsverkehr, wie es sich nach den Daten der BAG-Untersuchung Kundenverkehr darstellt. Danach ist zunächst festzustellen, daß im Einkaufsverkehr nicht der Hauptverursacher der Verkehrsprobleme der Innenstädte zu sehen ist, da er nur etwa ein Viertel des städtischen Gesamtverkehrs ausmacht. Im Einkaufsverkehr selbst stellt der Pkw-Verkehr nach den BAG-Daten mit 45,3 % Verkehrsanteil den wichtigsten Einzelfaktor, gefolgt vom ÖPNV mit 33,6 %, dem Fußgängerverkehr mit 15,5 % und dem Radverkehr mit 4,8 %.

Gemessen am Umsatz sind nach den BAG-Zahlen die Autofahrer mit einem durchschnittlichen Anteil von 55,9 % (werktags) die wichtigsten Kunden. Aus den Daten der BAG-Untersuchung wird aber auch deutlich, daß dies nicht überall der Fall ist, sondern daß hier sehr große Unterschiede zwischen Städten bestehen. Die Extreme verkörpern beispielhaft Saarbrücken mit einem sehr hohen Umsatzanteil der Autokunden von 73 % und München mit einem sehr niedrigen Umsatzanteil von lediglich 21 %. Bei der Verkehrsmittelwahl ist es auch wichtig, zwischen Stadtbewohnern und Umlandbevölkerung zu unterscheiden. Bei der Stadtbevölkerung liegt der Pkw-Anteil am Einkaufsverkehr der Innenstadt mit maximal 40 % relativ niedrig, bei der Umlandbevölkerung dagegen zwischen 60 und 70 % deutlich höher.

Gegenüber den Ausführungen von Herrn Werz, der schwerpunktmäßig die Bedeutung des Autokunden im Einkaufsverkehr hervorhob, vermittelte der zweite Einführungsvortrag von Herrn Göbel aus Freiburg eine deutlich andere Aussagetendenz. Hier ist es durch systematische und entschiedene Förderung alternativer Verkehrsarten in einem einheitlichen Gesamtverkehrskonzept gelungen, den Autoverkehr erheblich zurückzudrängen und insbesondere den ÖPNV zum wichtigsten Verkehrsmittel auch im Einkaufsverkehr zu machen. Bestandteil dieses Konzepts ist einmal die systematische Förderung des ÖPNV mit dem Bau neuer Straßenbahnlinien. Weiter gehören hierzu der konsequente verkehrsberuhigende Umbau des Straßennetzes einschließlich von Hauptverkehrsstraßen. Hinzu kommen umfangreiche Tempo-30-Zonen in den Wohnbereichen, flächendeckende Fußgängerzonen in der Innenstadt unter Einbeziehung des ÖPNV sowie die gezielte Förderung des Radverkehrs. Schließlich umfaßt das Konzept auch die konsequente Bewirtschaftung des Parkraumes mit gestaffelten Parkgebühren, die in der Innenstadt bis zu 2 DM/Stunde reichen.

All diese Maßnahmen haben dazu geführt, daß der ÖPNV im Einkaufsverkehr etwa den gleichen Anteil wie der Pkw-Verkehr ausmacht (knapp 35 %) und damit der Nichtautoverkehr insgesamt klar dominiert. Dabei werden etwa 10 % des Einkaufsverkehrs allein im P+R-Verkehr abgewickelt, was bundesweit einen Spitzenwert darstellt. Handel und Gewerbe haben hiervon keinerlei Nachteile, sie entwickeln sich in Freiburg überdurchschnittlich positiv.

Die recht unterschiedlichen Aussagetendenzen und Sichtweisen der beiden Einführungsvorträge finden sich auch in der nachfolgenden Diskussion wieder. Ganz offensichtlich bestehen immer noch erhebliche Auffassungsunterschiede zu dem zentralen Problem der Erreichbarkeit der Innenstädte, speziell im Hinblick auf das Auto. Vor allem die Vertreter der örtlichen Organisationen des Handels unterstreichen die Bedeutung des Pkw für den Einkaufsverkehr. Weitgehend unbestritten blieb dies für Klein- und Mittelstädte mit einem hohen Anteil an Umlandkunden, die schon wegen des schlechten ÖPNV-Angebots auf den Pkw angewiesen sind. Für die Großstädte wurde demgegenüber darauf hingewiesen, daß die Geschäftsleute bisweilen eine verzerrte Wahrnehmung der tatsächlichen Verkehrsmittelwahl im Einkaufsverkehr hätten. Der Pkw-Anteil liege hier deutlich niedriger und sinke in den Nebenzentren bis auf Größenordnungen von 10 bis 20 % ab.

Eine besondere Rolle spielt in diesem Zusammenhang die Frage der Zumutbarkeit bzw. Akzeptanz von Fußwegzeiten und -entfernungen vom Parkplatz zum Einkaufsstandort. Hierzu wurden Untersuchungen angeführt, wonach Autofahrer im Gegensatz zur weitverbreiteten Meinung der Geschäftsleute durchaus bereit sind, auch längere Fußwege in Kauf zu nehmen, wenn sie städtebaulich attraktiv gestaltet sind. Sicher gibt es hierzu keine pauschal gültigen Lösungen. Vielmehr hängt dies etwa von der Struktur und vom Erschließungskonzept der Innenstadt ab. Gleichwohl können auf diese Weise Spielräume für Verkehrsberuhigungsmaßnahmen geschaffen werden, ohne daß dadurch die Autoerreichbarkeit unzumutbar eingeschränkt wird.

Die Diskussion beschäftigte sich weiter mit der Frage, wie man denn den Einzelhandel für Verkehrsberuhigungsmaßnahmen gewinnen kann, um etwa Maßnahmen wie in Freiburg durchzusetzen. Dabei wurde festgestellt, daß auch hierfür nicht auf Patentrezepte zurückgegriffen werden kann. In manchen Gemeinden hat sich eine gewisse Kultur des Umgangs miteinander entwickelt, in anderen fehlt diese ganz. Eine etwa von der Stadt Köln recht erfolgreich angewendete Strategie besteht darin, daß sie unter anderem offensiv mit ihren Verkehrsberuhigungsplanungen an die Bürger und Kunden herangeht und sich um deren Unterstützung bemüht. Dies bleibt nicht ohne Wirkungen auf den Handel, wenn er die positiven Reaktionen der Kunden auf die Verkehrsberuhigung wahrnimmt.

Schließlich wurde auch in der Diskussion erneut deutlich, daß gerade der innerstädtische Einzelhandel in der Tat vor gravierenden Problemen steht, deren Ursachen jedoch nicht einseitig bei der Verkehrsberuhigung zu sehen sind. Vielmehr wirken hier eine Reihe von anderen Faktoren zusammen, wobei einmal der Strukturwandel im Handel angesprochen wurde. Dieser führt dazu, daß SB-Warenhäuser an nichtintegrierten Standorten verstärkt die Funktion des Innenstadteinzelhandels übernehmen. Als noch gefährlicher für den innerstädtischen Einzelhandel wurden zudem die Fachmärkte eingeschätzt, die sich neuerdings zunehmend das traditionelle Innenstadtsortiment zulegten. Nicht zuletzt wird eine andere Ursache der Probleme des innerstädtischen Einzelhandels in den Bevölkerungsverlusten der Innenstadtbereiche gesehen, was einen entsprechenden Kundenrückgang zur Folge habe.

Als Schlußresümee aus der Arbeitsgruppe blieb die Aufforderung unwidersprochen, vor bestimmten negativen Entwicklungstrends als Folge der weiter steigenden Motorisierung nicht zu kapitulieren und die Innenstädte dem Auto nicht wieder mehr zu öffnen. Dies würde dem innerstädtischen Handel nach überwiegender Meinung durch die damit verbundenen Belastungen insgesamt schaden. Die Reaktion auf die Motorisierungsentwicklung sollte sich deshalb nicht darauf richten, was die Stadt oder auch der Handel tun könnten, um sich dem Trend anzupassen. Vielmehr müsse die Reaktion dahin gehen zu fragen, was zu tun sei, um der Entwicklung gegenzusteuern und negative Auswirkungen für die Innenstädte zu verhindern. Das dargestellte Beispiel der Stadt Freiburg läßt erkennen, daß hier durchaus erhebliche verkehrspolitische Gestaltungmöglichkeiten bestehen.

4. Stadtgestalt und Stadtmarketing

Heinz Hermanns
Stadtgestalt und Stadtmarketing - Bedeutung und Funktion

Stichworte zum Vortrag

1. Stadtgestalt

Vergleich Europa - Amerika
Historisch gewachsene Städte
Urbanität, Attraktivität, Unverwechselbarkeit

Gefahren

- Kriegszerstörungen
- Wiederaufbau

    Zerstörungen: öffentliche Bauten (WDR, Theater), private Bauten (Gerling)
    Verkehrsschneisen
    Flächensanierung (Neue Heimat: "Dörfle" in Karlsruhe)
    Primitivbauten im öffentlichen und privaten Bereich ("Horizontalschnitt" für Schaufenster)

- Strukturelle Veränderungen
    Wohnen im Grünen
    Motorisierung
    "Grüne-Wiese"-Einkaufszentren ("Flachmänner")

- Uniformität
    Filialisierung
    Fußgängerzonen (Ladenstraßen)
    Verkehrsberuhigung ("Polleritis")

Folgen

- City/Umland-Gefälle
- Oberzentren in Gefahr

Renaissance der Städte

- Veränderte staatliche Rahmenbedingungen
  § 11 Abs. 3 BauNVO
  Denkmalschutz

- Verändertes Bürgerverhalten (Stadterlebnis)
- Investitionsboom City (Einzelhandel 1988 – 14 Mrd. DM) anhaltend
- Neue Qualität der Stadtgestalt (Bewahrung des Alten; sensibles Einfügen in historische Nachbarschaft; Galerien, Arkaden, Passagen)

Weitere Möglichkeiten der Verbesserung der Stadtgestalt

- "public design"
- Private Investitionen
- Besinnung auf historische und ortsspezifische Gegebenheiten
- Durchsetzung von Qualitätsnormen (u.U. Wettbewerbe) qua Verordnung und Überzeugung, Appelle, Auszeichnungen
- Finanzielle Zuwendungen

Problematik DDR

- Erhaltung der Altbausubstanz
- "Grüne Wiese"

2. Stadtfunktion

Stadtmarketing
Marketing-Begriff

- Unternehmensmarketing

  Ausrichtung von Teilbereichen des Unternehmens auf die Förderung des Absatzes (= Verkaufsförderung)

- Stadtmarketing

  Maßnahmen zum besseren Verkauf, zur besseren Präsentation der Stadt

Stadtmarketing wozu?

- Um Bedeutungsverluste in der vertikalen Konkurrenz der Städte wettzumachen (City versus Umland)
- Um der zunehmenden horizontalen Konkurrenz der Städte gewachsen zu sein (Oberzentren im internationlen Wettbewerb: keine Grenzen - hohe Mobilität - mehr Wohlstand - mehr Freizeit)
- Um Kaufkraftabflüsse zu stoppen → Forderung des Handels
- Um Prestigegelüste zu erfüllen
- Um Arbeitsplätze zu schaffen
- Um Steuereinnahmen zu erhöhen
- Um private und öffentliche Infrastruktur (vom Hotel bis zum Flughafen) rentierlich auszulasten

Stadtmarketing womit?

- Gutes Preis-Leistungs-Verhältnis
- Positive Standortfaktoren, vor allem sogenannte weiche Faktoren, wie Schulen, Kultur, Stadtgestalt, Freizeitangebote, Klima in der Stadt (im doppelten Sinne)
- "corporate identity"

Stadtmarketing wie?

- Kommunale Initiativen, insbesondere qua Wirtschaftsförderung, aber auch qua Verkehrs- und Werbeämter, Museen, Messen etc.
- Zusammenarbeit der Städte mit anderen Gruppierungen, beispielsweise mit dem Handel
- "public private partnership", um die vielfältigen Kräfte zu bündeln und Kosten zu verteilen (DIHT-Schrift "Modernes Stadtmarketing" mit 15 Beispielen sowie die Broschüre "Die Stadt als Unternehmer")
- Citymanagement versus Centermanagement → externer Manager
  Vorgehensweise (Diagnose und Therapie)
  Kompetenz
  Kosten

Gerd Rathmayer

City-Management

1. Situationsanalysen

Viele größere Städte - vor allem deren Innenstädte - haben in den letzten 20 Jahren Einwohner verloren. Oft folgte das innerstädtische Gewerbe, vorrangig der Handel, dieser Stadtrandwanderung. In mancher Stadt hat deshalb das Einkaufen an Attraktivität verloren.

Die in Großstädten seit langem feststellbaren Besucherverluste sind zunehmend auch in kleineren und mittleren Städten zu beobachten.

Gründe für diese Entwicklung:

- Die City wird für Besucher immer schwerer zugänglich. Verkehrsberuhigungen, Fußgängerzonen und ein oft abnehmendes Stellplatzangebot drängen den Autofahrer aus der Innenstadt. Der Verkehr fließt an andere Standorte, die leichter zu erreichen sowie einfacher und billiger zu nutzen sind.
- Vielfach wurde in den Kommunen die Sicherung einer gesunden Infrastruktur vernachlässigt. Großflächige Einzelhandelsanbieter an der Peripherie beeinträchtigen die Erfolgschancen der City oder auch benachbarter Einkaufsplätze ganz erheblich.
- Oft haben die innerstädtischen Dienstleistungs- und Einzelhandelsanbieter die Kraft verloren, Ideen zu präsentieren. Die häufigsten sichtbaren und unsichtbaren Schwächen oder Mängel:
  - ▲ überholte Angebotskonzeptionen
  - ▲ ungepflegte Fassaden; schlechte Dekorationen; Stadtbildprobleme
  - ▲ vernachlässigte Innengestaltung und Präsentation
  - ▲ unzureichende Betriebsgrößen
  - ▲ Uneinigkeit/Konkurrenzdenken; viele Anbieter führen das Gleiche
  - ▲ mangelnde Managementqualitäten
  - ▲ unzureichender Ausbildungsstand des Verkaufspersonals
  - ▲ mangelhafte Verdichtung des Angebots
  - ▲ unbefriedigender Branchenmix
  - ▲ Betriebsformen nicht im Gleichgewicht
- Die Billiganbieter haben Marktanteile gewonnen, nicht die Anbieter in der Innenstadt, die ihr Angebot "erlebnisorientiert" inszenieren wollen.
- In Innenstädten wird eine Uniformierung des Angebots beklagt; oft sind dort nur mehr diejenigen Branchen vertreten, die ausreichende Handelsspannen und hohe Flächenleistungen erzielen.
- Die Grundstückspreise in Innenstadtlagen haben die Investitionskosten und damit auch die Mieten in enorme Höhen getrieben.
- Die im Handel zu beobachtende Substitution von Personal durch Raum fördert tendenziell die Betriebe an der Peripherie. In allen Branchen steigen die sogenannten marktfähigen Mindestbetriebsgrößen.

Das Hauptproblem in den Kommunen ist jedoch das fehlende Miteinander zwischen Stadt und Gewerbe. Um so auffälliger sind die Beispiele, bei denen ein permanentes Miteinander zum dauerhaften Erfolg - und zwar für beide Teile - geführt hat.

2. Das Konzept des City-Managements

Förderung von Kooperation und Koordination - Ziele setzen, Entscheidungen planen, Entscheidungen realisieren

Die Stadt muß sich in ihrem Erscheinungsbild verständlich machen: Der Bürger muß etwas von dem spüren, was er in der Stadt sucht - Vielfalt, pulsierendes Leben, Kommunikation, optimale Versorgung, leichte Zugänglichkeit, ein attraktives Stadtbild u.a.m.

Die City-Management-Gesellschaft für kommunales und gewerbliches Marketing (CIMA) will Kommunen und Gewerbe dabei unterstützen, ihre Stadt so attraktiv wie möglich darzustellen: für einheimische ebenso wie für auswärtige Besucher, für die arbeitende Bevölkerung ebenso wie für die dort wohnende.

Alle relevanten Gruppen in einer Stadt haben gemeinsame Probleme, die jedoch oft von Eigeninteressen überdeckt sind. In vielen Städten klappt die Zusammenarbeit zwischen Gewerbe und Kommune deshalb nicht, weil man wegen Unstimmigkeiten in Detailfragen die Zusammenarbeit auf ein Minimum reduziert hat.

Das für die CIMA tätige Expertenteam verfügt über vielfältige Erfahrungen auf der Grundlage von Marktuntersuchungen und Standortanalysen. Schwerpunkte dieser Untersuchungen sind jeweils die Projektierung kommunaler und gewerblicher Aktivitäten sowie die Entwicklung von Konzepten zur weiteren Stärkung einer Kommune im regionalen Zentrengefüge. Diese Konzepte basieren auf Vorgaben zur Mindestausstattung und Versorgung gemäß dem landesplanerischen Zentralitätsgrad.

Die Partner

Das CIMA-City-Management-Konzept will die Anregungen, Wünsche und Interessen aller wichtigen Gruppen innerhalb einer Kommune berücksichtigen.

Kommune

Dazu gehören kommunale Entscheidungsträger gleichermaßen wie kommunale Versorgungseinrichtungen. Angesprochen sind Stadtrat, Verwaltung (Bau-/Kultur-/Ordnungsamt) und Verkehrsvereine ebenso wie verantwortliche Persönlichkeiten für kommunale Einrichtungen im Bereich des Sports, der Kultur, der städtischen Versorgung sowie auch in regionalen Zweckverbänden.

Bürger

Viele Bürger sind als Angehörige einer der nachfolgend genannten Gruppen angesprochen. Auch als "Privatmann" hat jedoch jeder Bürger Vorstellungen von einem funktionierenden städtischen Leben. Dies gilt gleichermaßen für Bürger, die in Vereinen zusammengeschlossen sind.

Handel

Funktionierende Innenstädte brauchen heute Fachgeschäfte neben Supermärkten, Kaufhäuser neben Nachbarschaftsläden, Spezialisten neben Discountern. Das Angebot muß möglichst lückenlos sein, die Mischung zwischen Groß und Klein soll gesund sein, damit Leben und Einkaufen in der Stadt zu einem Erlebnis werden.

Dienstleistungen

Der Bedarf an Dienstleistungsbetrieben steigt permanent. Im Rahmen des City-Managements wird geprüft, ob das vorhandene Angebot der Struktur der Stadt entspricht und ob gegebenenfalls in einzelnen Sektoren Bedarf besteht.

Gastronomie

Städte brauchen gute Restaurants ebenso wie Imbißstuben, Hotels ebenso wie Kneipen. Eine gut entwickelte Gastronomie trägt dazu bei, die Innenstadt auch in den Abendstunden zu beleben.

Freie Berufe

Zum Versorgungsangebot einer Stadt gehören neben den vielfältigsten Gewerbebetrieben auch die freien Berufe, wie z.B. Ärzte, Rechtsanwälte, Steuerberater, Makler u.a.m.

Handwerk

Ebenso wie bei Gütern des täglichen Bedarfs besteht auch bei handwerklichen Leistungen die Notwendigkeit einer umfassenden Versorgung. Die Wahrnehmung der Interessen des Handwerks ist nicht zuletzt Aufgabe kommunaler Entscheidungsträger.

Industrie

Industrie und Kommune sind aufeinander angewiesen. Gerade wegen oft divergierender Interessen ist das permanente Gespräch zwischen diesen beiden Partnern unumgänglich.

3. Problemlösung

City-Management bedeutet die Koordination aller Maßnahmen zur Standortsicherung und Standortförderung einer Kommune. Die City-Management-Gesellschaft hat dabei die Aufgabe, auf Basis einer umfassenden Analyse individuelle Konzepte zur Standortförderung auszuarbeiten. Sie hat die Aufgabe, die verschiedenen Partner an einen Tisch zu bringen, Projekte zu entwickeln und die Durchführung dieser Projekte zu überwachen. Im einzelnen ist dieses Aufgabengebiet wie folgt darstellbar:

Bestandsaufnahme und Situationsanalyse

Basis des City-Management ist die Problemanalyse, die im wesentlichen die zukünftigen Ziele und Aufgaben bestimmt. Ohne eine solche Grundlagenanalyse ist sinnvolles City-Management nicht vorstellbar. Wir bedienen uns dabei einmal einer eingehenden Marktanalyse, zum anderen detaillierter Expertengespräche.

- Wieviel Kaufkraft fließt ab und warum?
- Sind die Nachbarstädte attraktiver? Wenn ja - warum?
- Wie beurteilen die Verbraucher das Angebot des Handels, der Gastronomie, der Dienstleistungsbetriebe?
- Wo liegen die Stärken und Schwächen im Erscheinungsbild des Gewerbes und auch kommunaler Einrichtungen?

- Welcher Verkaufsflächenbedarf wird auf die Stadt zukommen? In der Innenstadt? An der Peripherie?
- Was sagt die Bevölkerung zur Stadtentwicklungspolitik oder zu geplanten Sanierungsmaßnahmen?
- Wo informieren sich die Bürger (z.B. vor dem Einkauf)?
- Wo und wie können einzelne Betriebe sich verbessern (vom Sortiment bis zur Außengestaltung)?
- Gibt es Ansätze für ein attraktiveres Angebot in Kunst und Unterhaltung?
- Besteht Bedarf an zusätzlichen Freizeiteinrichtungen?
- Besteht eine Chance, solche Einrichtungen ökonomisch sinnvoll zu betreiben?

Erst nach solch einer Bestandsaufnahme kann ein konkretes Maßnahmenbündel geschnürt werden, um die Anziehungskraft der jeweiligen Stadt zu stärken.

Koordination gewerblicher und kommunaler Maßnahmen

Dieser Aufgabenbereich ist der eigentliche Schwerpunkt für ein City-Management. Im Rahmen dieser Aufgabe sind die Ergebnisse der Standort- und Strukturuntersuchung durchzusetzen. Diese Tätigkeit erfordert die regelmäßige Anwesenheit eines City-Managers vor Ort (mindestens einmal pro Woche) sowie ergänzend dazu die regelmäßige Präsenz von Fachleuten aus den verschiedenen Bereichen, abhängig von der individuellen Aufgabenstellung (Stadtplaner, Architekten, Verkehrsplaner, Werbeagenturen, Marketing-Fachleute u.a.m.).

Dazu sind sogenannte Workshops (Arbeitsgruppen der jeweiligen Entscheidungsträger) ebenso notwendig wie Einzelgespräche.

Der City-Manager hat die Aufgabe, kommunale und gewerbliche Aktivitäten aufeinander abzustimmen und die jeweiligen Experten zu den Workshops und Einzelgesprächen hinzuzuziehen. Ergebnis dieser Aktivitäten muß sein, für die Durchführung der als richtig erkannten Konzepte zu sorgen und die einzuleitenden Maßnahmen im Detail zu planen und zu überwachen.

Schwerpunkte dieser Aktivitäten sind z.B. in folgenden Bereichen zu sehen:

Kommune

- Verkehrsfragen
  Regelung des ruhenden und fließenden Verkehrs

- Städtebau
  Diskussion bestehender Nutzungskonzepte, Anregungen zur architektonischen Gestaltung

- Bürgernähe
  Verbesserung der Bürgerinformation (Information von Neubürgern, Zuständigkeiten in der Verwaltung, Förderung der Kommunikation, Kontakte erleichtern)

- Nutzung kommunaler Einrichtungen
  Was fehlt? Bessere Nutzung von Einrichtungen; Koordination werblicher Maßnahmen; Verbesserung des kommunalen Freizeitangebots; Standortfragen öffentlicher Einrichtungen; Ausbau kultureller Aktivitäten etc.

- Erstellung eines Werbekonzeptes
  Ziel ist eine bessere Darstellung der Kommune im Einzugsgebiet und gegebenenfalls auch die Durchsetzung als Standort mit überregionaler Bedeutung

Handel

Im Idealfall soll in der Innenstadt die Konzeption des Erlebniskaufs verwirklicht werden. Einkaufserlebnis ist jedoch nur dann möglich, wenn auch die Rahmenbedingungen stimmen und harmonieren. Dazu gehören:

- Standortfragen
- marktgerechte Sortimente
- adäquate Angebotsflächen
- ansprechende Fassaden
- attraktiv gestaltete Schaufenster
- gelungene Lichtgestaltung
- phantasievolle Warenpräsentation
- fachgerechte Beratung
- Konzept für wohnungsnahe Versorgung
- Gemeinschaftswerbung

Dienstleistungsbetriebe

Für das sehr komplexe Feld der gewerblichen Dienstleistungen ist folgendes Angebot denkbar:

- Ermittlung von Angebotslücken und Vorschläge zu deren Beseitigung
- Darstellung von Kooperationsmöglichkeiten
- Standortüberlegungen
- Ansätze zu einer attraktiveren Gestaltung der Geschäftsfronten
- Verbesserung der Information "Was gibt es wo?"

Gastronomie/Hotellerie

Die Ausstrahlung vieler Kommunen leidet unter einer unzureichenden Gastronomie und Hotellerie. Vor allem die Gastronomie ist jedoch mit der wichtigste Imageträger für eine Stadt. Die Einbeziehung dieses Wirtschaftszweiges im Rahmen eines City-Managements ist unabdingbar:

- Überprüfung des gastronomischen Angebots
- Ansätze zur Verbesserung der Darstellung nach außen
- Überprüfung des Bettenangebots (Standort, Struktur, ergänzende Dienstleistungen)
- Darstellung örtlicher und regionaler Spezialitäten

Freie Berufe

- Feststellung von Versorgungslücken (z.B. bei Fachärzten)
- Möglichkeiten der Agglomeration (z.B. Ärztehäuser)
- Schaffung von Dienstleistungszentren

Handwerk

- Vorschläge zur Standortpolitik (z.B. Handwerkerhöfe)
- Organisation von Handwerksausstellungen
- Präsentation in der Öffentlichkeit

Industrie

Industriebetriebe sind (z.B. bei der Personalbeschaffung) auf attraktive Städte ebenso angewiesen wie jene auf eine ausreichende Zahl von Industriebetrieben (Arbeitsplatzsicherung, Steueraufkommen, Nachfrageentwicklung etc.).

Neben diesen - indirekten - Verbindungen ist die Einbeziehung folgender Fragen auch für die Industrie von Bedeutung:

- Zugänglichkeit und Anbindung des Standorts
- Möglichkeiten der Aus- und Weiterbildung
- Ausbau des ÖPNV
- Versorgungs- und Entsorgungsfragen

Bürger

Von koordinierten Aktivitäten der Stadt und des Gewerbes wird der Bürger mit am meisten profitieren. Ziel all dieser Aktivitäten ist letztlich die Schaffung eines besseren Wohn-, Arbeits- und Versorgungsumfeldes. Die Beteiligung der Bürger an den Entscheidungsprozessen ist durch folgende Maßnahmen vorstellbar:

- Wünsche zum Kultur- und Freizeitangebot
- Vorschläge für ein attraktiveres Versorgungsangebot (qualitativ und quantitativ)
- Wünsche nach einem verbesserten Informationsfluß (z.B. Bürgertelefon beim City-Manager)
- Mitsprache von Vereinen bei spezifischen Aktivitäten
- Förderung der Identifikation mit der Stadt

Zur Optimierung des Versorgungsangebots wird die Ansiedlung wünschenswerter Einrichtungen aus allen Bereichen empfohlen und auch initiiert (bevorzugt mit einheimischen Anbietern, gegebenenfalls auch mit Betrieben von außerhalb). Grundlage sind die vielfältigen Verbindungen der CIMA mit Kammern, Innungen, Verbänden sowie auch mit Ansprechpartnern aus dem gewerblichen, kommunalen und kulturellen Bereich.

Werbung und PR

Eine sinnvolle Werbung begleitet die bisher genannten Einzelmaßnahmen. Wenn eine Stadt sich als attraktives Ganzes präsentiert, so kann sie auch wirkungsvoll dargestellt werden. Neben der sicher sinnvollen Einzelaktion erfordert dies eine wirkungsvolle Gemeinschaftswerbung - für das Gewerbe ebenso wie für die Kommune. Es gilt das "Produkt" Stadt zu vermarkten.

Folgende Arbeitsschritte haben sich als sinnvoll und effektiv erwiesen:

- Entwicklung einer tragfähigen Basis-Konzeption

In dieser Phase wird in grundsätzlichen Linien gedacht und nicht in Detailmaßnahmen. Am Ende dieser Arbeit stehen die Empfehlungen für das strategische Vorgehen, prototypisches

Umsetzen in Text und Layout sowie ein Kosten- und Zeitrahmen für das weitere Vorgehen. Außerdem beinhaltet diese Phase die Vorstellung einer bindenden Klammer für die Gemeinschaftswerbung wie Aktionslabel, Slogan, zentrale Kommunikationsidee u.a.m.

- Umsetzung der projektierten Gemeinschaftswerbung

Diese Phase beinhaltet die Detailausarbeitung aller Werbemittel und -maßnahmen, die Erstellung von Text und Layout im einzelnen und die Erarbeitung von Einzelplänen.

Realisierung

Produktion von Werbemitteln, Durchführung von Aktionen, PR-Arbeit, Streuung der Werbebotschaft.

4. City-Management

Die örtliche Aktionsgesellschaft

Erfolgreiches City-Management ist nur dann denkbar, wenn sich die relevanten Gruppen einer Stadt zu einer Aktionsgemeinschaft zusammenschließen.

Mitglieder der kommunalen Aktionsgemeinschaft können alle gesellschaftlichen Gruppen werden, die für das City-Management Ideen beisteuern und daraus Nutzen ziehen. Dafür müssen sie auch einen angemessenen finanziellen Beitrag entrichten.

Es liegt nahe, daß innerhalb dieser Aktionsgemeinschaft diejenigen Gruppen die Entscheidungen vorbereiten und treffen, die das Leben der Innenstädte prägen und in der Regel wohl auch den größten finanziellen Beitrag erbringen:

- der Einzelhandel
- die Gastronomie
- die Kommune

Denkbar sind verschiedene Formen der Kooperation. Die CIMA bevorzugt für eine solche Aktionsgemeinschaft die Schaffung einer eigenen Rechtspersönlichkeit (BGB-Gesellschaft).

Die Beiträge der Gesellschafter werden dabei entweder mit einem pauschalen Satz festgelegt (z.B. für die Kommune oder freie Berufe) oder - für das Gewerbe - nach Mitarbeitern.

Die Mitgliedschaft kann frühestens zwei Jahre nach Gründung der Gesellschaft gekündigt werden.

Organe dieser Gesellschaft sind die Gesellschafterversammlung und die Geschäftsführung. Die Gesellschafterversammlung wählt u.a. die Mitglieder der Geschäftsführung, verabschiedet den Jahresetat und legt die Beiträge fest. Das Stimmrecht der Gesellschafter richtet sich nach der Höhe des Jahresbeitrags.

Die Geschäftsführung trifft alle Entscheidungen, die nicht der Gesellschafterversammlung vorbehalten sind. Die Geschäftsführer werden für die Amtszeit von zwei Jahren gewählt. Der City-Manager ist geborenes Mitglied der Geschäftsleitung und wird demzufolge auch nicht gewählt.

5. Der City-Manager

Es sprechen gewichtige Gründe dafür, einen professionellen Spezialisten mit dem City-Management zu betrauen.

Er muß unabhängig sein: Verflechtungen mit örtlichen Interessen scheiden aus. Der City-Manager kann und soll Mittler sein zwischen den unterschiedlichsten Interessenlagen innerhalb der Kommune.

Er muß Erfahrung mitbringen: Es soll kein Übermensch sein, kein Universalgenie. Natürlich kann er städtische Fachleute ebensowenig ersetzen wie das Management der ortsansässigen Betriebe oder deren Mitarbeiter oder Berater. Er muß aber über vielfältige Informationen verfügen. Er muß wissen, wo Spezialisten für welche Aufgaben sitzen, und er muß aufgrund von Erfahrungen in anderen Kommunen Gutes von weniger Gutem unterscheiden können. Spezialisten werden zugezogen, wo sie benötigt werden: Stadt-, Verkehrsplaner, Marktforscher, Werbeagenturen, Marketingfachleute, Architekten, auch mal Psychologen oder Makler.

Wohl muß er aber in der Lage sein, Marketingkonzepte zu entwickeln und durchzusetzen.

Er muß präsent sein: Der City-Manager hat die Aufgabe, kommunale und gewerbliche Aktivitäten aufeinander abzustimmen. Er muß versuchen, möglichst viele Unternehmen auf einen Marsch in Richtung "Stadt mit Profil" hinter sich zu bekommen. Dies alles erfordert regelmäßige Präsenz vor Ort und im Einzelfall eine längere Anwesenheit (einzeln und gemeinsam) der oben angesprochenen Fachleute. Ziel all seiner Aktivitäten muß sein, für die Durchführung der als richtig erkannten Konzepte zu sorgen und die einzuleitenden Maßnahmen im Detail zu planen und zu überwachen.

6. Strategie und Realisierung

City-Manager bzw. Aktionsgemeinschaften können in der Regel Entscheidungen für die Partner nur vorbereiten. Seine wichtigste Funktion sehen wir darin, den Partnern die Entscheidungsfindung zu erleichtern. Entscheidende Aufgabe des City-Managers sind deshalb Information und Beratung. Dadurch unterscheidet er sich von den Entscheidungsträgern der gewerblichen Wirtschaft oder der Kommunen.

Vorrangiges Ziel unseres Projekts sind Information und Schulung der Unternehmer. Dazu bieten sich an:

- Vortragsveranstaltungen (oft abends)
- Unternehmerseminare, Workshops
- Einzelberatung

Eine entscheidende Funktion des City-Managers besteht darin, solche Informationen und Beratungen nicht ausschließlich selbst durchzuführen, sondern im Einzelfall die richtigen Experten zu vermitteln. Eine Datei geeigneter Partner ist deshalb außerordentlich wichtig.

Auch für beratende Gespräche z.B. mit dem Partner "Kommune" werden Experten von Fall zu Fall zugezogen (z.B. Stadt- oder Verkehrsplaner, Fremdenverkehrsfachleute usw.).

Auf folgende drei Bereiche sollen sich die Aktivitäten des City-Managers vor allem beziehen:

A) Gewährleistung der wirtschaftlichen Funktionsfähigkeit
B) City-Gestaltung
C) Öffentlichkeitsarbeit und Werbung

A) Gewährleistung der wirtschaftlichen Funktionsfähigkeit

1. Stärkung der Handels- und Dienstleistungsbereiche

- Sortimentsspezialisierung und -differenzierung
- Anleitungen zur attraktiven Schaufenstergestaltung
- Vorschläge für ansprechende Fassaden
- Empfehlungen zur Lichtgestaltung
- Merchandising, Warenpräsentation
- einheitliche Öffnungszeiten
- Empfehlungen für adäquate Angebotsflächen

2. Verbesserung der Branchenvielfalt

- Schließung von Angebotslücken
- Profilierungsstrategien
- Empfehlungen für Vielfalt im gastronomischen Bereich
- Beratung bei der Realisierung einer stabilen Branchenstruktur
- Empfehlungen zur Betriebsformenstruktur, abgeleitet aus der Marktanalyse
- Empfehlungen für ergänzende Dienstleistungsbetriebe
- standortangepaßte Ergänzungen im Handwerksbereich

3. Schulung und Information

- Workshops für Unternehmer
- Schulung für Mitarbeiter in den wichtigsten innenstadtrelevanten Branchen

4. Standortpolitik

- Vorschläge für die Flächennutzung im innerstädtischen Bereich sowie an der Peripherie der Stadt
- Standortvorschläge für diverse Branchen
- Bildung von Nutzungsschwerpunkten

5. Marktforschung

- regelmäßige Expertengespräche
- Meinungsbefragungen zu Spezialthemen
- ergänzende Unternehmerbefragungen

B) City-Gestaltung

1. Verbesserung der Kommunikationseinrichtungen

- Bedarf nach einem attraktiveren Angebot in Kunst und Unterhaltung?
- Bedarf an zusätzlichen Freizeiteinrichtungen?
- Verbesserung des Erscheinungsbildes städtischer Kommunikationseinrichtungen?

2. Verbesserung der Stadtbildgestaltung

- Gestaltung öffentlicher Plätze
- Bedarf für attraktivere Möblierung, Begrünung, Pflasterung?

3. Spannungsfeld Verkehr

- Parken
- Fahrradwegenetz
- Zugänglichkeit innerstädtischer Standorte

4. Nutzungsschwerpunkte

- Diskussion von Ansätzen für künftige Nutzungsschwerpunkte für Wohnen, Handel und Gewerbe, Freizeiteinrichtungen

C) Öffentlichkeitsarbeit und Werbung

1. Entwicklung eines Werbekonzepts
2. Imageverbessernde Gemeinschaftswerbung
3. Konstante Kommunikation mit den Medien
4. Förderung von kulturellen und sonstigen Veranstaltungen
5. Permanente Kommunikation mit den Bürgern (z.B. Bürgertelefon, Informationsbroschüren u.ä.).

Hubert Heimann

City-Management - Eine Chance für die Solinger Innenstadt

In der Solinger Innenstadt wurde bereits im Jahre 1968 eine Fußgängerzone eingerichtet. Sie war damals eine der ersten ihrer Art in der Bundesrepublik. Ergänzt wurde diese Maßnahme um den Bau des Turmzentrums und um die damit verbundende unterirdische Ladenpassage, die durch eine Reihe von Fußgängerrampen mit der City verknüpft ist. Die damaligen städtebaulichen Leitvorstellungen (städtebauliche Dominante, Fußgängerunterquerung, Autoverkehr oberirdisch) entsprechen nicht mehr in allem den heutigen Vorstellungen des neuen "urbanen Lebensgefühls". Jahrelang gab es in der Solinger City Zeichen von Stagnation und Vereinheitlichung des städtebaulichen Erscheinungsbildes sowie des Erscheinungsbildes der Einzelhandelsgeschäfte.

Seit Mitte der 80er Jahre verstärken sich die Probleme der Innenstadt. Vorausgegangen war schon Mitte der 70er Jahre die Ansiedlung von großflächigen Einzelhandelsbetrieben auf der "grünen Wiese". Das brachte zusammen mit einer gesamtwirtschaftlichen Stagnation und rückläufiger Einwohnerentwicklung einen Bedeutungsverlust der Solinger City mit sich. Diese Entwicklung war begleitet von einer Tendenz zur Dezentralisierung bei der räumlichen Verteilung der Einwohner und Arbeitsplätze im Einzugsbereich. Hinzu kam eine Entwicklungskrise der innerstädtischen Betriebsform Kauf- und Warenhaus.

Gleichzeitig traten folgende Probleme auf:

- Verringerung der Angebotsbreite des ansässigen Einzelhandels,
- Vordringen von Spielhallen, Videotheken etc.,
- Niveauverluste beim Einzelhandel; das Erscheinungsbild des Innenstadteinzelhandels wurde zunehmend durch uniforme, kurzlebige Geschäftstypen geprägt.

Schließlich wurde der Prozeß forciert durch eine enorme Aufwertung der Oberzentren Düsseldorf (insbesondere Aufwertung der Königsallee) und Köln sowie durch die Attraktivierung der benachbarten Mittelzentren Hilden, Haan und Leichlingen.

Probleme traten auf durch den stark gestiegenen Individualverkehr. Jahrelang wurde nach innenstadtbezogenen Lösungen gesucht, ohne daß sich größere Verbesserungen abzeichneten.

Nachdem die eingeleiteten Sanierungsmaßnahmen im Nebenzentrum Ohligs greifen und die Weichen für eine positive Entwicklung im Zentrum Wald gestellt sind, konzentriert sich die Diskussion seit etwa zwei Jahren wieder auf die Solinger Innenstadt. In der Tat haben sich einige wesentliche, für die Stadtkerne maßgebliche Rahmenbedingungen zugunsten der Innenstadt verändert:

- Die Ansiedlung von großflächigen Einzelhandelsbetrieben auf der "grünen Wiese" konnte gestoppt werden.
- Die Einwohnerzahlen im Stadtgebiet haben sich nicht nur stabilisiert, sondern sind sogar leicht gestiegen. Auch der Abwanderungsdruck von Einwohnern aus den innenstadtnahen Wohngebieten hat nachgelassen.
- Im Stadtkern wird eine neue Tiefgarage mit Einkaufspassage und Wohnungen gebaut.
- Der südliche Teil der Hauptstraße ist 1988 renoviert worden.
- Die Kaufhausketten haben erhebliche Attraktivitätssteigerungen in den Solinger Warenhäusern vorgenommen.
- Ein jahrelang leerstehendes großes Gebäude im Zentrum der Stadt (Mühlenplatz) hat wieder eine Nutzung.

Angesichts dieser Veränderungen konnte es nicht ausbleiben, daß über die künftige Entwicklung verstärkt nachgedacht wurde. Bemerkenswert ist, daß die "Aktionsgemeinschaft Solingen", ein Zusammenschluß von City-Kaufleuten, auf eigene Rechnung ein "Innenstadtkonzept" hat erarbeiten lassen, das wertvolle Anregungen zur Weiterentwicklung der Solinger City gibt.

Hinzu kommt, daß der Rat der Stadt Solingen die Verwaltung beauftragt hat, externe Gutachter einzuschalten, um ein strukturelles und städtebauliches Gesamtkonzept nicht nur für den engeren Kern, sondern auch unter Einbeziehung der benachbarten Wohngebiete erarbeiten zu lassen. Erste Ergebnisse werden für 1990 erwartet.

Da alle im Rat vertretenen politischen Parteien sich für eine Aufwertung der Solinger Innenstadt ausgesprochen haben, ist davon auszugehen, daß die vorhandene Aufbruchstimmung genutzt wird zu einer "Renaissance" der Solinger City.

Ein Instrument, das diesen Aufwind nutzen und verstärken soll, ist das City-Management.

City-Management - ein neues Instrument

Die Zielsetzung des City-Managements besteht darin, daß alle an der Aufwertung oder Revitalisierung der Innenstadt interessierten Kräfte, also Stadt, Kaufleute und Bürger/Bürgerinnen, ihre jeweiligen Interessen besser als bisher aufeinander abstimmen, daß also öffentliche und private Aktivitäten effektiver koordiniert werden. Für die Solinger Innenstadt geht es um die Erhaltung und Attraktivierung der Funktionen als Einzelhandels- und Einkaufsstandort sowie um die Verbesserung des Kultur- und Freizeitangebots. Gleichzeitig soll die Attraktivität in zukunftsorientierten Bereichen des tertiären Sektors gesteigert werden. An dieser Nahtstelle zwischen öffentlichen und privaten Aktivitäten setzt das City-Management an. Es hat letztlich die Aufgabe, alle wichtigen Partner an einen Tisch zu bringen und ein gemeinsames Konzept zur Profilierung und Attraktivierung der Stadt zu erarbeiten, um das Erscheinungsbild der Stadt zu verbessern.

Ziel ist es, die Wettbewerbsbedingungen für die Innenstadt zu verbessern. Aufbauend auf einem "Wir-Gefühl" muß Konkurrenzdenken, bezogen auf den Stadtort als Innenstadt, im Interesse des Ganzen überwunden werden.

Die bisherigen Methoden wie Interessengemeinschafts-Management oder Werbegemeinschafts-Management führten bisher nicht zum gewünschten Erfolg, weil es nicht zu einer echten Partnerschaft zwischen öffentlicher Hand und Kaufmannschaft kam.

City-Management ist ein Konzept, das diese Partnerschaft anstrebt und verwirklichen will (Public-Private-Partnership). Neu ist an diesem Konzept, daß nicht mehr nebeneinander gearbeitet wird, sondern sich sozusagen ein "runder Tisch" bildet, an dem auf der Basis eines gemeinschaftlich erarbeiteten Leitbildes für die Innenstadt konstruktiv zusammengearbeitet wird zur Erreichung der gesetzlichen Ziele. Man muß also abkommen von dem Nebeneinander der Aktivitäten von Einzelhandelsverband, Aktionsgemeinschaft, Werbegemeinschaft und Kommune. Durch die Erarbeitung eines Konsenses aller Beteiligten soll die notwendige Schubkraft erzeugt werden, die ein zeitlich und inhaltlich abgestimmtes Vorgehen ermöglicht. Von einem derartigen Vorgehen sollen Impulse ausgehen, die letztlich eine Nutzung des "endogenen Entwicklungspotentials" zulassen.

Neu an diesem Konzept ist auch, daß in die Stadtplanung privatwirtschaftliche Interessen explizit einbezogen werden sowie betriebswirtschaftlich orientiertes Denken eingeführt wird, weil City-Management nicht ohne City-Marketing gesehen werden kann.

Kritiker dieses Konzeptes mögen einwenden, daß durch das City-Management die kaufmännischen Interessen des Einzelhandels im gesamten Innenstadtkonzept ein zu großes Gewicht erhalten. Einzuräumen ist, daß hierin ein gewisses Risiko besteht, das aber nach dem Motto "Gefahr erkannt - Gefahr gebannt" klein gehalten werden kann. Schließlich ist bei der Aufstellung des Grundlagenkonzepts für die Solinger Innenstadt eine breit angelegte Bürgerbeteiligung und -mitwirkung vorgesehen, so daß eine entscheidende Benachteiligung von Bürgern/Bürgerinnen, sei es als Bewohner, sei es als Freizeitnutzer ausgeglichen werden kann. Bei aller Abwägung dieser Risiken sind die Chancen durch ein verstärktes Zusammenwirken aller Akteure nicht hoch genug einzuschätzen. Nur durch ein echtes partnerschaftliches Zusammenwirken werden die Synergieeffekte freigesetzt, die für die Attraktivierung der Solinger City erforderlich sind.

Das Konzept des City-Management in Solingen

City-Management setzt die Koordination und Harmonisierung unterschiedlicher Standpunkte voraus. Dabei treten naturgemäß Konflikte zwischen den Interessengruppen auf. So können z. B. weder Vermieter dazu gezwungen werden, ihre Häuser zu renovieren oder an eine Galerie statt an einen Spielsalon zu vermieten, noch können Filialunternehmen zu einem standortkonformen Verhalten gezwungen werden. Diesen Konflikten muß sich ein City-Manager stellen, um durch Überzeugungsarbeit zu einer für die City befriedigenden Lösung zu kommen. Deshalb gibt es gewichtige Gründe dafür, einen professionellen Spezialisten mit dem City-Management zu betrauen.

Bisher gibt es in der Bundesrepublik kein derartig hauptberuflich angelegtes City-Management. Aus diesem Grunde ist die Aufgabenstellung auch nicht abschließend geklärt. Auch die organisatorische Einbindung ist noch nicht festgelegt. Daher ist dieses Projekt als Forschungsvorhaben beim Bundesministerium für Raumordnung, Bauwesen und Städtebau angemeldet und vom Minister gebilligt worden. Das Projekt wird begleitet von einem Forschungsinstitut, das die Erfahrungen auswertet und auf ihre Übertragbarkeit auf andere Städte untersucht. Das Projekt ist auf einen Zeitraum von zwei bis drei Jahren angelegt. Es handelt sich um ein Experiment, das zwar hohe Erfolgschancen hat, eine Erfolgsgarantie gibt es allerdings nicht.

Das Projekt "City-Management Solingen" ist als Forschungsprojekt angelegt. Eine klare Aufgabenstellung besteht wie gesagt noch nicht (Projektbeginn: Frühjahr 1990). Es hat zwei Phasen:

Phase 1 (Projekt-Vorphase)

In diesem Projektstadium soll geklärt werden, welche Organisationsform am besten für das Solinger Projekt geeignet ist und welche Maßnahmenbereiche behandelt werden müssen. In dieser Phase werden die Erfahrungen mit Arbeitskreisen, Werbegemeinschaften und ähnlichen Organisationen in anderen Städten sowie internationale Erfahrungen ausgewertet, Gespräche in Solingen geführt und endgültige Konzepte entwickelt. Es wird geklärt, wie das Projekt in das strukturelle und städtebauliche Innenstadtkonzept eingebunden werden kann.

Phase 2 (Projekt-Durchführungsphase)

Diese Phase wird durch die praktische Arbeit des "City-Managers" in Solingen bestimmt.

Aufbauphase

In der Aufbauphase wird die Stadt Solingen ein anerkanntes Fachbüro beauftragen, um folgende Aufgaben abzuwickeln:

- Erarbeitung einer praktikablen Organisationsstruktur
- Mitwirkung bei der Erarbeitung einer Zielkonzeption für die Solinger Innenstadt (Ableitung der aus den Zielformulierungen resultierenden Aufgabenbereiche für den City-Manager). In der Projektphase 1 sind auch bereits erste Kontakte mit den jeweiligen Kooperationspartnern aufzunehmen und die Rahmenbedingungen für ein erfolgreiches und partnerschaftliches Zusammenarbeiten zu schaffen.

Durchführungsphase

In der Durchführungsphase sind folgende Aufgabenbereiche zu bearbeiten:

- Beratung von Einzelhändlern, Dienstleistern, Eigentümern, Investoren,
- Beobachtung des Immobilienmarktes,
- Mitwirkung in der Lenkungsgruppe zur Erarbeitung des städtebaulichen Rahmenkonzepts,
- Erarbeitung von Werbe- und Imagekonzepten sowie ihre Durchsetzung,
- Ausarbeitung von Aktionen, Mitwirkung an der Erarbeitung von Gestaltungsplänen für Straßen und Plätze durch Begrünungsmaßnahmen etc.,
- Mitwirkung bei verkehrspolitischen Maßnahmen,
- Beratung der Einzelhändler zur Verbesserung des Sortiments,
- Hinwirken auf einen verbesserten Branchenmix,
- Hinwirken auf ein verbessertes Kulturangebot in der City,
- Koordination mit Werbegemeinschaften und anderen Organisationen,
- Durchführung regelmäßiger Koordinationsgespräche mit der Verwaltung und politischen Gremien.

Über die Organisationsform des City-Managements in Solingen können noch keine abschließenden Aussagen getroffen werden. Hierzu sollen in der Projektphase 1 praktikable Lösungen vorgeschlagen werden. Zum gegenwärtigen Zeitpunkt können lediglich einige Kriterien genannt werden, die für die Beurteilung der Eignung der Organisationsform herangezogen werden sollten. Wesentliche Kriterien sind die Akzeptanz bei Rat/Verwaltung und Kaufmannschaft. Eine wichtige Rolle spielt die Flexibilität, wobei die Verantwortlichkeit bei den jeweiligen Maßnahmen sowie die Kontrolle des City-Managements eindeutig festgelegt werden müssen. Das City-Management sollte auch eigenständig Träger von Aktionen sein. Der City-Manager sollte keine Funktion in einer anderen interessengebundenen Gruppe in Solingen haben. Deshalb dürfte als Träger die Stadt selbst nicht in Frage kommen. Ob eine Angliederung an den Einzelhandelsverband sinnvoll ist, muß geprüft werden, zumal dieser die Interessen des gesamten Einzelhandels in Solingen, also nicht nur der Solinger City wahrzunehmen hat.

Aus diesen Gründen bietet sich als Träger eine eigene Gesellschaft an, die in Form einer BGB-Gesellschaft oder eines eingetragenen Vereins geführt werden kann. Wichtig ist aber dabei, daß sich die Geschäftsstelle des City-Managements in der Innenstadt befindet, um jederzeit für die Kaufmannschaft ansprechbar zu sein.

Das "City-Management Solingen" wird zu einem Zeitpunkt eingeführt, der geprägt wird von der Diskussion über das strukturelle und städtebauliche Gesamtkonzept für die Solinger Innenstadt. Der City-Manager kann also zum richtigen Zeitpunkt mitwirken an der Grundlagenarbeit für künftige Gestaltung der Solinger City. Er findet die günstigsten Voraussetzungen für weitreichendes Handeln vor. Die Stadt Solingen verspricht sich durch den Einsatz des neuen Instruments City-Management zusätzliche Impulse zur Attraktivitätssteigerung der Solinger City. Somit könnte es Solingen gelingen, den Attraktivitätsvorsprung benachbarter Mittel- und Oberzentren wettzumachen.

Am Ende aller Bemühungen sollen die städtebauliche Aufwertung, die Verbesserung der Aufenthaltsqualität, die Attraktivierung des innerstädtischen Wohnens, ein umfassenderes Kulturangebot und die Erfahrung stehen, daß durch partnerschaftliche Zusammenarbeit von privaten und öffentlichen Akteuren fruchtbare Ergebnisse erzielt worden sind.

Dieter Dellhofen

Aufgaben einer Gesellschaft für Stadtmarketing

Die GSI ist eine Beratungsgesellschaft, die von Experten mit langjähriger Erfahrung in einzelnen Disziplinen des Stadtmarketings getragen wird.

Im zunehmenden Wettbewerb der Kommunen als Wohn-, Gewerbe-, Einkaufs-, Bildungs- und Kulturstandort wird eine gezielte Marketingstrategie und -politik nach außen und innen zur Profilierung immer notwendiger.

Die Konsequenz ist Stadtmarketing, das heißt: Entwicklung und Durchführung aller Maßnahmen, die eine Kommune im Wettbewerb mit anderen Städten und Gemeinden stärker profilieren. Erfolgreiches Stadtmarketing erfordert ein hohes Maß an Konsensfähigkeit aller Akteure.

Aufgabe des Stadtmarketings ist die Entwicklung einer Marketingkonzeption mit Detailkonzeptionen für die einzelnen Erlebnisfelder, an denen sich alle Maßnahmen zur Attraktivitätssteigerung orientieren.

Erlebnisfelder sind dabei: Wohnen, Verkehr, Arbeiten, Stadtbild, Handel, Kultur, Dienstleistungen, Freizeit.

So gehen wir vor:

Wir schaffen die Voraussetzungen:

- Überzeugung der unterschiedlichen Interessengruppen von der Notwendigkeit eines gezielten Stadtmarketing;
- Bildung eines Initiativkreises, in dem die einzelnen Interessengruppen in einer Kommune zur Förderung des Gemeinschaftsgefühls an "einen Tisch" gebracht werden;
- Betreuung durch einen verantwortlichen Projektleiter der GSI;
- Erarbeitung von Stadtvisionen und Leitbildern "Wo steht die Stadt? Was kann sie sein? Was will sie sein?"

Wir analysieren:

- Strukturen,
- Stärken und Schwächen,
- Markt und Standort,
- Einstellungen und Wünsche der Bürger.

Wir planen, koordinieren und betreuen:

- Abstimmung gewerblicher und kommunaler Interessen;
- Erarbeitung einer Gesamtmarketingkonzeption mit Detailkonzeptionen für die einzelnen Erlebnisfelder;
- Projektbetreuung/Stadtmanagement auf Zeit mit Einsatz eines Stadtmanagers;
- Durchführung zielgerichteter Aktivitäten;
- Erarbeitung eines konkreten Aktionsplans.

Wir verfügen über Fachwissen und Erfahrung in:

- Wirtschaftsentwicklung,
- Gewerbe- und Stadtentwicklungsplanung,
- Verkehrsplanung,
- Stadtsanierung,
- Werbung und Öffentlichkeitsarbeit,

- Imagepolitik und Entwicklung eines einheitlichen Erscheinungsbildes ("corporate identity"),
- Handel, Handwerk, Industrie und Dienstleistung,
- Raumordnung und Landesplanung,
- Gewerbeansiedlung,
- Immobilien- und Grundstücksmarkt,
- Fremdenverkehr- und Kurortmarketing,
- Kultur- und Freizeitmarkt.

Wir beraten:

- Städte und Gemeinden,
- Wirtschaftsförderungs-Gesellschaften,
- Unternehmen,
- Verbände,
- Kooperationen des örtlichen Gewerbes.

Rolf-Peter Löhr

Ergebnisse der Arbeitsgruppe "Stadtgestalt und Stadtmarketing"

I. Einführung

1. Thema

Zur Umgrenzung des Themas für die Diskussion wies Herr Hermanns einleitend auf die Notwendigkeit hin, um das *Stadtbild*, wie es Krieg und Wiederaufbau geformt haben, zu kämpfen. Er sah eine Renaissance der City, verursacht durch das Greifen staatlicher Regelungen, wie etwa des § 11 Abs. 3 der Baunutzungsverordnung. Ausdruck dieser Renaissance sei die Tatsache, daß der Handel 1988 die Rekordsumme von 14 Milliarden DM in innerstädtische Standorte investiert habe. Diese Investitionstätigkeit halte an.

Herr Hermanns betonte, daß genauso wichtig wie die Erhaltung der Stadtgestalt die Erhaltung der vielfältigen Stadtfunktionen sei. Die Funktionsmischungen und Funktionsüberlagerungen zeigten erst die Lebendigkeit einer Stadt, die dann auch das Einkaufen dort attraktiver mache. So habe am Dienstleistungsabend, am Donnerstag, die City deutliche Wettbewerbsvorteile gegenüber Stadtteilzentren oder kleineren benachbarten Gemeinden, weil hier neben Kommerz auch Kultur, Vergnügen und Gastronomie zu genießen seien.

Dem *Stadtmarketing* komme in diesem Zusammenhang die Aufgabe zu, Bedeutungsverlusten der Kernstädte gegenüber dem Umland entgegenzuwirken und die Städte bei ihrem zunehmenden, in wachsendem Maße auch internationalen Konkurrenzkampf zu unterstützen. Ziel sei also,

- Arbeitsplätze zu erhalten und zu schaffen,
- die private und öffentliche Infrastruktur auszulasten und
- Kaufkraftabflüsse zu bremsen.

Neben den traditionellen kommunalen Initiativen der Wirtschaftsförderung gewinnen nach Herrn Hermanns hierbei Formen der Zusammenarbeit öffentlicher und privater Stellen im Sinne eine "public private partnership" zur Bündelung der vielfältigen Kräfte der Stadt und zur Verteilung der Kosten eines Stadtmarketing an Boden. Eine zunehmend ins Gespräch kommende Methode des Stadtmarketing sei - in Anlehnung an den Center-Manager - die Installierung eines City-Managers.

2. Referat Rathmayer, CIMA, München

Hier schloß der Bericht von Herrn Rathmayer an. Er stellte die Modalität des von der CIMA betreuten City-Managements in drei kleineren bayerischen Gemeinden dar. Danach wird eine BGB-Gesellschaft gegründet, an der alle regionalen Kräfte aus Wirtschaft und Gesellschaft einschließlich der Stadt beteiligt sind. Der Beitrag liegt bei monatlich 30 DM pro Beschäftigtem. Der Geschäftsführung dieser Gesellschaft gehörten der City-Manager sowie je ein Vertreter aus Kommune und Wirtschaft an. Daneben gebe es Beiräte zu den Themenbereichen "Private Werbung", "Öffentliche Gestaltung" sowie "Wirtschaft". In diesen Gruppen kämen die relevanten Akteure einer Stadt oft zum ersten Mal an einen Tisch. In der Koordination und dem Ausgleich der vielfältigen und häufig auseinanderstrebenden Interessen der Beteiligten sieht die CIMA daher auch die wichtigste Aufgabe des City-Managers. Bei ihm müsse es sich um eine neutrale und unabhängige Persönlichkeit handeln, die über den Interessen stehe und das Vertrauen aller Beteiligten genieße. Der City-Manager solle von seinem Denkansatz her und beruflich aus dem unternehmerischen, nicht aus dem planerischen Bereich stammen. Da die überwiegende Mehrzahl der Teilnehmer dieser Arbeitsgruppe entweder aus Wirtschaftsförderungsämtern oder -gesellschaften stammte, gab es hierzu keinerlei Widerspruch. In Schwandorf tragen zur Finanzierung dieses Projekts der bayerische Wirtschaftsminister mit 113.000 DM bei, die Stadt mit 28.000 DM und der gewerbliche Bereich zunächst mit 35.000 DM, die jetzt aber auf 80.000 DM ansteigen. Zum Vergleich: Der bisherige Werbeetat von zwei Werbegemeinschaften in der Stadt bleibt bei 2.000 bzw. 8.000 DM. Obwohl gerade erst begonnen, habe die Maßnahme doch schon erste Erfolge gezeigt. So sei die Stadt bei der Freigabe von Schulhöfen als Parkplätze sehr viel flexibler als früher. Auch im Handel habe es bereits Änderungen in der Sortimentsgestaltung sowie der Schaufensterdekoration gegeben. Allerdings sei es nicht gelungen, die langen Öffnungszeiten am Dienstleistungsabend zu halten.

3. Referat Heimann, Solingen

Nach ähnlichen Grundstrukturen läuft das Projekt, über das Herr Heimann referierte. Über konkrete Erfahrungen konnte er noch nicht berichten, da das Projekt erst im Februar 1990 installiert worden sei und der vorgesehene City-Manager erst im nächsten Monat seine Arbeit aufnehmen solle. Das Projekt sei beschränkt auf die City und umfasse nicht auch die Nebenzentren, da diese gut ausgebaut seien und die City in der letzten Zeit eine deutliche Attraktivitätsminderung habe hinnehmen müssen. Parallel zum Modellprojekt City-Marketing laufe ein städtebaulicher Wettbewerb zu einem neuen Leitbild für die Innenstadt, der dem City-Manager den Rahmen für seine Aktivitäten geben solle. Wie auch Herr Rathmayer sieht Herr Heimann die Aufgabe des City-Managers darin, alle an der City interessierten Bürger zusammenzubringen und ihre Interessen zu koordinieren. An der Nahtstelle zwischen öffentlichen und privaten Aktivitäten solle er das Erscheinungsbild der Stadt verbessern. Bisherige Methoden der Imagepflege, etwa die der Werbegemeinschaften, hätten nicht zu einem Erfolg geführt, da hiermit immer nur Partikularinteressen verfolgt worden seien, nicht aber ein Interesse an der City insgesamt. Die Partnerschaft zwischen allen Beteiligten, ihr Zusammensitzen an einem "runden Tisch", ergebe den notwendigen Konsens, um auch in den eigenen Reihen den Druck zu erzeugen, der notwendig sei, um die vorhandenen endogenen Potentiale tatsächlich zu nutzen.

Diese Aufgabe kann auch nach Auffassung von Herrn Heimann nur erfolgreich durchgeführt werden, wenn dies jemand hauptberuflich mache. Zwar bestehe hierbei die Gefahr, daß kaufmännische Interessen ein Übergewicht gewönnen, doch müsse dies hingenommen werden, weil es sonst nicht gelinge, potentielle Investoren in den kommunalen Zeitrahmen und die Aktivitäten der Stadt einzubinden.

Zur Finanzierung dieses Projekts trage der Bundesminister für Raumordnung, Bauwesen und Städtebau mit 450.000 DM bei, da das Projekt in das Forschungsfeld "Städtebau und Wirtschaft" im Experimentellen Wohnungs- und Städtebau des Ministeriums aufgenommen worden sei. Das Projekt sei zunächst auf drei Jahre angelegt. Wenn auch die genaue Aufgabenbeschreibung für den City-Manager noch ausstehe, so sei doch klar, daß seine Aufgaben unter anderem darin lägen,

- an der Erarbeitung des City-Konzepts mitzuwirken,
- die Bürgerbeteiligung hierzu durchzuführen,
- die potentiellen Investitionen für die City mit zu erarbeiten sowie
- auf einen verbesserten Branchenmix und ein besseres Kulturangebot in der Stadt hinzuwirken.

Auch in Solingen sollen die Beteiligten in einer Gesellschaft, etwa einer GmbH oder einem Verein, zusammengefaßt werden. Hiermit soll vor allem sichergestellt werden, daß der City-

Manager unabhängig und nicht entweder der Stadt oder dem Handel zu sehr verpflichtet ist. Als entscheidend für das Gelingen des Projekts wird die "public private partnership" angesehen.

II. Diskussion

1. Kosten und Finanzierung

Im Mittelpunkt der Diskussion stand zunächst die Frage der Finanzierung solcher Marketingkonzepte. Gefragt wurde vor allem danach, ob City-Marketing auch ohne staatliche Förderung, die ja nicht flächendeckend sein könne, funktioniere. Vor allem wurde betont, daß es nicht richtig sein könne, marktwirtschaftliche Instrumente nur mit erheblichen öffentlichen Subventionen zu nutzen. Hier wurde darauf hingewiesen, daß man an den Etats bestehender Werbegemeinschaften anknüpfen und diese ausbauen könne, wie das Beispiel Schwandorf zeige. Auch müsse die Industrie einbezogen werden. Weiter wurde darauf verwiesen, daß der Leidensdruck zu Beginn einer Marketing-Kampagne bei allen Beteiligten groß genug sein müsse, um das Marketingkonzept zu finanzieren. In Langenfeld werde ein solcher Versuch unternommen, wobei die Maßnahmen hier zu 50 % von der Stadt, zu 50 % von den Privaten finanziert würden. Natürlich erführen betriebsinterne Maßnahmen wie Sortimentsgestaltung und Mitarbeiterschulung keine öffentliche Förderung.

2. Interne oder externe Lösung

An den Kosten für einen City-Manager, die sich für eine ein- bis zweitägige Präsenz pro Woche auf 75.000 bis 100.000 DM belaufen dürften, entzündete sich die Diskussion, ob es denn zur Durchführung eines Marketing des gewünschten City-Managers bedürfe. In Langenfeld etwa sei der Stadtdirektor selbst der City-Manager. Auch in Mannheim wird eine verwaltungsinterne Lösung bevorzugt. Die Aufgabe des City-Managers übernimmt hier der Wirtschaftsförderer der Stadt. Als Grund hierfür wurde angeführt, daß ein Außenstehender die Stadt nicht genau genug kenne und bei den Beteiligten nicht akzeptiert werde. Auch sei es schwierig, eine kompetente Persönlichkeit für diese Aufgabe zu finden. Schließlich sollten die von den Beteiligten aufgebrachten Gelder allein für Marketing-Projekte, nicht aber für den City-Manager verwandt werden. Diese Auffassung wurde in der Gruppe sicherlich mehrheitlich vertreten. Entscheidend sei nicht die Organisation, sondern das Zusammenbringen aller Kräfte der Stadt an einen Tisch und das Leisten von Überzeugungsarbeit dahingehend, daß Partikularinteressen auch schon mal zum Wohle der gesamten Stadt und damit zum Wohle aller zurückstehen müßten. Hier wurde aber die Schwierigkeit gesehen, daß zahlreiche Firmen nicht darauf verzichten würden, durch individuelle Werbung auch dann auf sich aufmerksam zu machen, wenn hierdurch das Erscheinungsbild der Stadt deutlich verschlechtert wird. Natürlich seien auch manche Gestaltungsmaßnahmen der Stadt von zweifelhaftem Wert.

3. Demokratieverständnis

Kurz wurde auch das Problem der demokratischen Legitimation solcher Konzepte angesprochen. Wenn die Beteiligten an einen Tisch gebracht werden und hier zu gemeinsamen Überzeugungen und Maßnahmen gelangen, muß sich letztlich auch der Rat einer Stadt daran halten. Allerdings findet hier auch eine gewisse faktische Verlagerung von Kompetenzen - weg vom Rat - statt. Dabei bestand jedoch Einigkeit darin, daß der City-Manager oder ein vergleichbares Gremium, anders etwa als ein Center-Manager, keinerlei Entscheidungskompetenzen haben könne, sondern eine reine Beratungsfunktion wahrnehme. Gleichwohl würden hiervon Bindungen für den Rat einer Stadt ausgehen.

4. Voraussetzungen eines erfolgreichen City-Marketing

Die Diskussion in der Gruppe wurde eindeutig von diesen mehr verfahrenstechnischen Dingen beherrscht. Dies entsprach auch der Erfahrung der anwesenden Marketing-Gesellschaften. Sowohl der Handel als auch die Städte gingen sehr häufig davon aus, daß ihr "Produkt" in Ordnung sei, aber die Vermarktung verbessert werden müsse. In Wahrheit liege hier aber oft nur die Spitze des Eisbergs. So hatte Herr Rathmayer schon in seinem Eingangsreferat deutlich gemacht, daß es bei Stadtmarketing nicht nur um die Optik gehen könne, sondern daß es auf die Erhöhung der Lebensqualität in der Stadt insgesamt ankomme. Aber auch von anderer Seite wurde betont, daß es nicht nur um den Verkauf des Produktes "Stadt" gehe, sondern zunächst einmal um seine Verbesserung. Genannt wurden etwa eine verstärkte Bürgerorientierung der Stadt, eine Verbesserung des Branchenmixes in Handel und Gewerbe, Flächen- und Mietmanagement sowie Mitarbeiterschulung. Unerläßliche Voraussetzung für eine gute Marketingkonzeption sei im übrigen eine fundierte Markt- und Strukturuntersuchung der Region.

5. Resümee

Es kam zum Ausdruck, daß Stadtmarketing ein neuer Ansatz in dem alten Themenfeld städtischer Öffentlichkeitsarbeit ist. Neu hieran ist vor allem die starke Einbeziehung der privaten Seite aufgrund der Erkenntnis, daß Stadt, Handel und Gewerbe in einem Boot sitzen. Die Konfliktlinie verläuft hier nicht zwischen Stadt und Handel, sondern einerseits zwischen denen, die einsehen, daß nur die Verfolgung eines städtischen Gesamtinteresses dauerhafte Vorteile für Stadt und Handel bringt, und andererseits denen, die - in der Stadt - meinen, hiermit würden nur private Interessen mit öffentlichen Mitteln gefördert, und denen, die - etwa beim Handel - meinen, durch die egoistische Verfolgung allein ihrer Partikularinteressen den größten Erfolg zu erzielen.

Diese Konfliktlinie ist nicht neu; Stadtmarketing ist der Versuch, dieses Problem nicht durch hoheitliche Instrumente der herkömmlichen Verwaltung, sondern durch Kooperation und Überzeugung zu lösen. Ob hier ein City-Manager erforderlich ist oder nicht, ist eine nachrangige Frage des jeweiligen Einzelfalls. Die Größe der Stadt, die Kompetenz und das Engagement ihrer Mitarbeiter, das Vorhandensein aktiver und engagierter Persönlichkeiten in der Stadt werden bei der Suche nach der richtigen Marketingkonzeption eine wichtige Rolle spielen. Herr Hermanns sagte, auf dem Feld des Stadtmarketing seien wir alle noch "Suchende". Ich denke, daß die Diskussion in der Arbeitsgruppe dazu beigetragen hat, die Voraussetzungen und Wirkungsmöglichkeiten verschiedener Marketingkonzepte klarer zu machen. Dadurch ist die Suche vielleicht etwas leichter geworden.

5. Planung und Standortwahl

Paul-Heinz Vogels
Einzelhandelsentwicklung, Standortwahl und kommunale Planung

I. Planung und Standortwahl

Ein derart vielschichtiges und je nach Standpunkt der Beteiligten kontrovers betrachtetes Thema wie das des Einzelhandels in der Stadtentwicklung wird man aus der Sicht des Handels in einem solchen Beitrag weder erschöpfend darstellen noch abschließend erörtern können. Sowohl die Kompromißfähigkeit von Unternehmen auf der einen Seite als auch die der die städtebauliche Entwicklung gestaltenden Verantwortlichen auf der anderen Seite sind gefordert. Man wird sich auch in Zukunft neuen Anforderungen zu stellen haben, solange das wirtschaftliche Handeln von Menschen und die daraus resultierenden wirtschaftlichen Strukturveränderungen nicht völlig eingeschränkt werden. Dies kann jedoch nicht gewollt sein.

Was bedeuten Planung und Standortwahl aus der Sicht unternehmerischer Aktivitäten bzw. aus der Sicht einer geordneten städtebaulichen Entwicklung? Was steckt letztlich hinter den Begriffen Einzelhandel und Stadtentwicklung?

Einzelhandel, also der Absatz von Waren und Dienstleistungen an den Endverbraucher, ist eine privatwirtschaftliche und unternehmerische Tätigkeit - auf eine eigentlich notwendige exaktere Definition wird hier verzichtet -, bei der unterschiedliche Aufgaben wahrgenommen und Funktionen ausgefüllt werden. Dabei zeigt sich im Einzelhandel eine nachhaltige Tendenz zur Polarisierung von jeweils charakteristischen Waren und daraus resultierend auch von Betriebstypen, wird ein Übergang von beratungs- und bedienungsintensiven zu problemlosen Waren immer deutlicher erkennbar. Einzelhandel ist gleichzusetzen mit der Verteilung von Waren, der Versorgung von Endverbrauchern, was teilweise schon längst nicht mehr in allen Städten und Gemeinden gewährleistet ist und deshalb die Frage aufwirft, ob die mengenmäßige Grundversorgung der Bevölkerung damit nicht vielleicht zu einer teilweise kommunalpolitischen Aufgabe wird. Handel weckt aber auch Bedürfnisse, und insofern beschränkt sich die Aufgabe des Handels nicht nur auf die quantitativ ausgerichtete Versorgungsleistung. Einzelhandel bedeutet auch die Versorgung mit einer bestimmten Qualität und ist damit mehr als reine Bedarfsdeckung. Was heute vielfach unter den Etiketten Erlebnis- und Unterhaltungsfunktion und damit auch im Sinne einer urbanen Funktion als eine neue aktuelle Aufgabe dem Handel zugeordnet wird, ist in Wirklichkeit eine kulturhistorische Aufgabe, die der Einzelhandel unter dem Begriff der Marktfunktion schon immer wahrgenommen hat. Diese Marktfunktion wurde in der Stadt, auf dem Marktplatz und in Ständestraßen ausgeübt, und insofern war schon damals die Frage nach der Standortwahl relevant (Hinweis auf das Marktrecht im Sinne einer zentralen Funktion). Es stellt sich nicht erst seit heute angesichts der Standortentwicklung die Frage, ob und in welchem Umfang diese Marktfunktion bewahrt werden kann und soll; es wird ganz grundsätzlich die Frage nach dem Stellenwert des Einzelhandels im Städtebau und in der Stadtentwicklung zu beantworten sein. Die Aufgabe der öffentlichen Hand war und wird es sein, die Funktion des Einzelhandels im Rahmen städtebaulicher Entwicklungen ausreichend sicherzustellen, die von den Standortbedingungen als einem ganz wesentlichen absatzpolitischen Instrument des Einzelhandels ausgehenden Anforderungen zu berücksichtigen oder aber die städtebauliche Funktion und landesplanerische Bedeutung des Einzelhandels neu zu definieren. Daß der Einzelhandel auch immer schon ein herausragendes Zentralitätskriterium dargestellt hat (Hinweis auf Städte mit Marktrecht), sei ausdrücklich hinzugefügt.

Die Standortwahl der Unternehmen und damit die Ziele der Standortpolitik sind Grundlagenentscheidungen für die Marktdurchdringung, in letzter Konsequenz zur Erzielung von Gewinn. Filialisierende Unternehmen verfolgen mit Hilfe der sog. Netzstrategie, also der Belegung vieler Standorte, auch logistische Aspekte, mit dem Ziel auch der Kostenminimierung. Die Gewinnerzielung als die für eine unternehmerische Tätigkeit unverzichtbare Voraussetzung ist jedoch nur dann gewährleistet, wenn bezüglich des Standorts optimale Bedingungen gegeben sind, wenn die Erschließung von Zielgruppen optimal erreicht wird. Angesichts der dynamischen wirtschaftlichen Entwicklung und der sich ständig wandelnden Strukturen bedarf es einer z.T. kurzfristigen Anpassung des Handels an diese Bedingungen. Die Handelsentwicklung muß zwangsläufig dynamisch ausgerichtet sein. Es werden dadurch sehr nachdrücklich Forderungen an die städtebauliche Entwicklung gestellt, nicht zuletzt weil gesellschaftlicher Wertewandel und sich wandelnde Konsumentenerwartungen zusätzliche Einflußgrößen für die Standortorientierung darstellen.

II. Handels- und Standortentwicklung

Wie werden sich Einzelhandelsentwicklungen unter bestimmten Voraussetzungen in den nächsten Jahren vollziehen, welche Entwicklung wird die Standortpolitik in Zukunft nehmen, und wie wird sich dies auf die Entwicklung von Städten und Gemeinden auswirken? Auf diese und andere Fragestellungen ist nachfolgend einzugehen, vor allem auch auf Vorstellungen des Handels. Dazu werden, ohne Anspruch auf Vollständigkeit, einige Thesen aufgestellt und erläutert.

These 1: Kaufkraft und Bedarf werden weiter steigen.

Von 1980 bis 1988 ist das Nettosozialprodukt zu Faktorkosten, also die Summe aller Erwerbs- und Vermögenseinkommen, von ca. 1.148,5 Mrd. DM um 503 Mrd. DM (= 43,8 %) auf 1.651,6 Mrd. DM gestiegen. Pro Kopf der Wohnbevölkerung errechnet sich eine Zunahme von ca. 18.656 DM um ca. 8.377 DM (= 44,9 %) auf ca. 27.033 DM. Die jährlichen Veränderungswerte schwanken zwischen annähernd 4 % und mehr als 6 % im Jahre 1986 (Angaben der Deutschen Bundesbank). Seit 1980 stiegen die Lebenshaltungskosten insgesamt für alle privaten Haushalte lediglich um 22,4 %, für die Nahrungs- und Genußmittel sogar nur um 13,1 %, für andere Ge- und Verbrauchsgüter um annähernd 18 %. Beliefen sich die Sparguthaben im Jahre 1980 noch auf ca. 145,2 Mrd. DM bzw. 11,3 %, so erreichten sie 1988 nach den Angaben des Statistischen Bundesamtes einen Betrag von 260,8 Mrd. DM bzw. 14,3 %. In einem Zeitraum von acht Jahren verdoppelte sich die Vermögensbildung nahezu. Nach einer Prognose der Deutschen Bundesbank ist mittel- bis langfristig mit einem Anstieg der Sparquote auf 16 bis 18 % zu rechnen.

Für die kommenden Jahre wird mit einer Zunahme des privaten Verbrauchs von im Durchschnitt 2,5 %, so die Prognosen verschiedener Wirtschaftsinstitute, gerechnet. Auch bei einem voraussichtlich stärkeren Preisanstieg für Dienstleistungen und Unterhaltung wird die einzelhandelsrelevante Kaufkraft zunehmen, wobei durch die aus Übersiedlung und Zuwanderung resultierenden Wanderungsgewinne einen zusätzlichen Anstieg des Kaufkraftvolumens entstehen lassen.

These 2: Insbesondere die Nachfrage nach langfristigen Verbrauchs- und Gebrauchsgütern wird durch die Kaufkraftentwicklung gefördert.

Die Entwicklung der Einkommen läßt sich weitgehend in der Entwicklung der Einzelhandelsumsätze nachvollziehen. Seit 1980 wuchs der Einzelhandelsumsatz im engeren Sinne, also ohne Umsätze mit Kraftfahrzeugen, Brenn-, Kraft- und Schmierstoffen sowie Apothekerwaren, von 335,2 Mrd. DM um 136,8 Mrd. DM (= 40,8 %) auf 472 Mrd. DM im Jahre 1989; pro Kopf der Wohnbevölkerung fand eine prozentuale Veränderung von 40 % im gleichen Zeitraum statt. Während sich dabei die Umsätze im Einzelhandel mit Textilwaren, Schuhen etc. lediglich um etwa 25 % erhöhten, stiegen die Umsätze des Einzelhandels mit Einrichtungsgegenständen und elektrotechnischen Erzeugnissen um mehr als 44 %. Gerade diese Einzelhandelssparte mit ihrem bei niedriger Flächenproduktivität sehr hohen Flächenbedarf entwickelte sich in den Jahren seit 1986 überdurchschnittlich bei jährlichen Umsatzzuwächsen zwischen 5 und 7 %. Wenn, was bei anhaltender Zuwanderung und steigendem Wohlstand zu vermuten ist, die Umsatzausweitung des flächenintensiven Einzelhandels weiter anhält - auf die spezifischen Strukturmerkmale dieser Branchen soll hier nicht eingegangen werden - dann wird es nicht nur zu einer spürbaren Ausweitung des Flächenbestandes kommen. Bei einer sich verstärkenden Flächennachfrage wird die Entwicklung neuer Standortgebiete gegebenenfalls erforderlich.

These 3: Die Konzentration von Industrie und Handel wird durch die Entstehung des EG-Binnenmarktes noch gefördert. Diese Konzentration wird zu einer Verschärfung des Verteilungswettbewerbs beitragen.

In Zukunft gewinnen insbesondere die spezialisierten Tochtergesellschaften der ehemals reinen Lebensmittelkonzerne, die als Fachmärkte bundesweit filialisieren (siehe z.B. die Entwicklung in den Bereichen Bau- und Heimwerkermärkte, Elektrowaren), an Marktgeltung. Der Verteilungswettbewerb wird in einem wachsenden europäischen Markt, in dem der bundesdeutsche Markt durch sein hohes Marktvolumen am attraktivsten ist, vorwiegend über neue Standorte und bestimmte Betriebsmindestgrößen geführt.

Im Lebensmitteleinzelhandel ging die Zahl der Selbständigen seit 1980 um 28,6 % zurück, sank deren Umsatzleistung um 20,7 %, fiel der Umsatzanteil von damals noch etwa 32 % auf nunmehr unter 20 %. Nach Berechnungen und Schätzungen des *Münchner Instituts für Wirtschaftsforschung (IfO)* verfügte der nichtorganisierte Einzelhandel im Jahre 1980 über einen Marktanteil von 19,5 %, im Jahre 1988 von 16,0 %. Bis 1995 wird er einen Anteil von nur noch ca. 12 % besitzen. Im gleichen Zeitraum werden die Groß- und Massenfilialunternehmen ihren Anteil von damals etwa 18,5 % auf fast 22 % ausweiten, eine Entwicklung, die sich inzwischen auch im Erscheinungsbild vieler Städte ausdrückt.

Die Funktionen Marktforschung, Merchandising und Logistik werden dabei zwischen Industrie und Handel neu verteilt. Als Folge entstehen differenzierte Konditionssysteme, soweit der Handel Funktionen der Industrie übernimmt (z.B. Warenpflege, Lagerhaltung), die unterschiedlich ausgeprägt sein werden. Es entsteht ein Wettbewerb um Einsparungen bei den Herstellerbetrieben. Als Folge dieses Leistungswettbewerbs, aber auch als Folge von Problemen bei Geschäftsnachfolgen und von falschen persönlichen unternehmerischen Zielsetzungen, werden Unternehmen aus dem Wettbewerb und damit aus dem Markt ausscheiden, ohne daß es deswegen zu einer Verminderung des Flächenangebots kommen wird. Die Marktanteile von Unternehmen mit einem Jahresumsatz von 4 Mrd. DM und mehr beliefen sich im Jahre 1988 auf etwa 50 %; bis zum Jahr 1995 dürfte der Marktanteil auf 75 % steigen. Großunternehmen des Handels werden 1995 einen Jahresumsatz von etwa 15 Mrd. DM erreichen müssen, um aus dem Einkaufsvolumen günstige Konditionen und, daraus resultierend, wettbewerbsfähige Preisaktivitäten entfalten zu können. Der großflächige Einzelhandel wird bis 1995 einen Marktanteil von 56 % erreichen (1980: ca. 45 %), der Anteil des traditionell mittelständischen Einzelhandels wird auf einen Anteil von 44 % zurückfallen.

These 4: Der durchschnittliche Flächenanspruch je beschäftigte Person wird bei Zunahme des Tertiärisierungsgrades zunehmen.

Nach einer Veröffentlichung des Instituts für Stadtforschung und Strukturpolitik München/Berlin nahm seit Mitte der 70er Jahre die Bürofläche je beschäftigte Person um ca. 10 % auf etwa 22 m^2 zu. In Neubauten entfallen inzwischen sogar mehr als 35 m^2 auf einen Beschäftigten.

Auch im Einzelhandel wird, wobei Abhängigkeiten zwischen Konjunkturverlauf und Flächenentwicklung zwar bestehen, aber nicht gleichförmig verlaufen, der Flächenanspruch steigen. Dabei muß man zwischen der Flächennachfrage und dem tatsächlichen Flächenbedarf durchaus kritisch differenzieren. Bei positiver Entwicklung der Kaufkraft wird auch nach den "Gesetzmäßigkeiten" der Landesplanung in den Zentralen Orten ein überdurchschnittlicher Flächenzuwachs zu erwarten sein. Auch das Entstehen neuer Betriebstypen (so z.B. die Fachmarktentwicklung), die Entwicklung und Herstellung neuer Produkte (so z.B. der Bereich der Unterhaltungselektronik), die Zunahme der durchschnittlichen Betriebsgröße bei gleichzeitig branchenübergreifenden Sortimentserweiterungen (in den drei Jahren zwischen 1985 und 1988 bis zu 25 %) weitgehend zu Lasten kleiner Betriebseinheiten, die Abnahme der durchschnittlichen Flächenproduktivität mit ihren Wirkungen auf die Wirtschaftlichkeit von Unternehmen und den auch damit aufgeworfenen Fragen für die Standortauswahl - alle diese Faktoren werden in den kommenden Jahren zu einer deutlichen Ausweitung der Verkaufsflächen führen. Zusätzlich werden Flächen für Lagerhaltung, Verwaltung, insbesondere aber für den ruhenden Verkehr zu schaffen sein.

Im Jahre 1980 betrug z.B. der Verkaufsflächenbestand im Lebensmitteleinzelhandel ca. 14,49 Mio. m^2 bei fast 76.000 Verkaufseinheiten, was einer durchschnittlichen Verkaufsfläche von ca. 190 m^2 entsprach; 1989 lag die durchschnittliche Betriebsgröße bei fast 280 m^2. Von 1980 bis 1989 trat eine Zunahme des Verkaufsflächenbestandes um etwa 17 % bei einer gleichzeitigen Abnahme der Zahl der Verkaufsstellen um fast 20 % ein. Von 1979 bis 1985 nahmen die Verkaufsflächen für den gesamten Einzelhandel um fast 19 % auf annähernd 59 Mio. m^2 zu; dies entsprach einer durchschnittlichen jährlichen Veränderung von fast 3 %. Die Hauptgemeinschaft des Deutschen Einzelhandels weist für 1989 einen Verkaufsflächenbestand von mehr als 63 Mio. m^2 aus. Dagegen stagnierte die Beschäftigtenzahl im Einzelhandel weitgehend; d.h., Personal wurde teilweise durch Fläche ersetzt. Die SB-orientierten Vertriebsformen, meist dezentral angesiedelt, nahmen absolut und relativ deutlich zu.

Unterstellt man auch angesichts der prognostizierten Zunahme der Kaufkraft für die nächsten Jahre eine etwa gleichgelagerte Entwicklung, dann wird es Mitte der 90er Jahre bundesweit (ohne die DDR) einen Verkaufsflächenbestand von über 70 Mio. m^2 geben, und dies bei einem nicht vermehrbaren Faktor, dem Boden. Nicht ganz parallel dazu wird ein weiterer Rückgang der Flächenproduktivität eintreten, sie nahm von 1978 bis 1984 um etwa 14 % ab bei einem nominalen Anstieg der Einzelhandelspreise von ca. 26 %. Selbst bei einer stagnierenden Umsatzleistung je m^2 Verkaufsfläche ist von einem Flächenwachstum auszugehen. Ob und wie die Entwicklung in der DDR das Investitionsverhalten beeinflußt, läßt sich zum gegenwärtigen Zeitpunkt noch nicht abschließend einschätzen.

These 5: Bestehende Standortlagen, Standorteigenschaften werden "aufgeweicht" bzw. wandeln sich.

Die zuvor geschilderten Strukturveränderungen im Einzelhandel werden nicht ohne Auswirkungen für bestehende Standortlagen und die Einschätzung des Handels hinsichtlich der Standortqualität und bestimmter Standorteigenschaften bleiben. Der Handel wird wohl auch in Zukunft bestehende Standorte kritisch prüfen, Standortkriterien neu bewerten, Standortorientierungen teilweise überdenken. Die Standortpolitik in Teilen des Einzelhandels wird sich auch in der Zukunft, trotz dirigistischer Eingriffe, mit bedingt durch den Strukturwandel, immer wieder neu orientieren. Diese Einstellung, die letztlich eine noch stärkere Profilierung von Einzelhandelslagen bewirkt, führt zu einer noch pointierteren Funktionsteilung. Wie zwei nachfolgende Beispiele zeigen, wird dies wie in der Vergangenheit zu Lasten der innerstädtischen Einkaufslagen gehen.

Nach einer von der Gesellschaft für Markt- und Absatzforschung (GMA) durchgeführten Untersuchung nahm im Stadtgebiet von Kassel die Verkaufsfläche von 1980 bis 1987/88 um 32,4 % zu, stieg der Einzelhandelsumsatz um 36,5 % auf insgesamt ca. 2.056 Mio. DM. Dabei trat ein nicht unerheblicher Rückgang des Verkaufsflächenanteils der Innenstadt ein, der besonders prägnant war im Bereich der kurzfristigen Bedarfsdeckung (ca. 26 %). Nach den vorliegenden Daten ist im aperiodischen Bedarfsbereich die schon erwähnte Funktionsteilung, die größtenteils auch eine Branchengliederung beinhaltet, nachweisbar. Während die Position des Textilhandels in der Innenstadt ausgeweitet werden konnte, nahm der Geschäftsbesatz im Bereich Elektro - Foto - Optik ebenso wie beim Einrichtungsbedarf deutlich ab, und zwar absolut und in der relativen Gesamtentwicklung im Stadtgebiet.

Die von der Stadt Offenburg bei der GMA in Auftrag gegebene Untersuchung kommt u.a. zu folgenden Ergebnissen über das Verhältnis von Innenstadtentwicklung zur gesamtstädtischen Entwicklung nach Einrichtung der Fußgängerzone im Jahre 1985:

- "Die Gesamtumsatzleistung der 1989 in der Innenstadt ansässigen Betriebe (d.h. einschließlich der Neueröffnungen u.ä.) stieg von 1985 bis 1988 um + ca. 30,7 %, wobei zwischen 1985 und 1986 eine vergleichsweise deutlich unterdurchschnittliche Steigerungsrate festzustellen war, die vor allem 1987/1988 aufgeholt werden konnte.
- Die bereinigte Umsatzleistung in der Innenstadt (d.h. der Betriebe, die 1985 und 1989 ansässig waren und bei denen keine grundlegende Renovierung oder Übernahme erfolgte) konnte im Vergleichszeitraum dagegen nur um + ca. 7,6 % bei realer Preisbetrachtung gesteigert werden.
- Im Vergleich zur Innenstadt betrug die Umsatzentwicklung im übrigen Stadtgebiet zwischen 1985 und 1988 + ca. 29 %, wobei die saldierte Betrachtung keine Differenzierung über den Einfluß von Betriebsaufgaben zuläßt. Es ist jedoch davon auszugehen, daß ein Großteil dieser Wachstumsrate auf den Umsatzzuwachs des großflächigen Einzelhandels zurückzuführen ist, da die Einzelhandelsumsätze in den Stadtteilen und Streulagen eher stagnieren bzw. zurückgehen.
- Bei der bereinigten Umsatzleistung des Einzelhandels der Gesamtstadt ergibt sich ein Zuwachs von + ca. 12-13 %, d.h. der Einzelhandel außerhalb der Innenstadt konnte in der Gesamtbetrachtung ein höheres Umsatzwachstum erzielen.

- Insgesamt hat somit die Einrichtung der Fußgängerzone, aber auch der Einsatz städtebaulicher und privatwirtschaftlicher Investitionen zunächst zu einer Umsatzstabilisierung bei den bestehenden Betrieben beigetragen."

These 6: Der zunehmende Motorisierungsgrad erfordert erhebliche Investitionen in den Folgeflächenbedarf; eine Standortorientierung erfolgt auch anhand der Qualität von und der Nähe zu öffentlichen Verkehrsmitteln.

Auffindbarkeit und Erreichbarkeit von Einzelhandelsstandorten zählen zu den für den Einzelhandel unverzichtbaren Kriterien. Der zunehmende Motorisierungsgrad und die gestiegene Mobilität der Verbraucher hatten entscheidenden Einfluß auf die Standortpolitik des Einzelhandels. Beides wird diesen Einfluß auch in Zukunft ausüben. Betrug die Zahl der privaten Pkws je 100 Einwohner im Jahr 1980 noch 37,7, so waren es 1988 bereits 46,8. Betrachtet man die jährlichen Zulassungszahlen von Pkws, so dürfte in bereits naher Zukunft der statistische Wert bei 50 liegen. Da auch die durchschnittliche Fahrleistung je Fahrzeug noch leicht zunahm (1984: 14.000 km je Pkw, 1988: 14.600 km je Pkw laut ADAC), steigt die Mobilität, und die Bevölkerung nutzt diese Mobilität (Schlagwort: Einkaufstourismus). Während sich der Handel auf diese Entwicklung (teilweise vorausschauend) eingestellt hat, entstanden in den zentralen Einkaufslagen erhebliche Engpässe für den fließenden und den ruhenden Verkehr. Gerade diese Engpässe haben in der Vergangenheit aufgrund vielfältiger Wirkungen trotz eines umfangreichen Mitteleinsatzes der öffentlichen Hand und von Privaten zu Standortaufweichungen geführt. Die begrenzte Flächenverfügbarkeit und die auch daraus resultierenden Kostensteigerungen in Verbindung mit einer teilweise nicht gedeihlichen Entwicklung des Branchenmix haben zu einer Umgewichtung der Standortwertigkeiten beigetragen und somit die Standortneuorientierung eher gefördert. Der zunehmende Trend zum Großeinkauf und damit die häufigere Verwendung des Pkw als Transportmittel werden bestehende Standortnachteile noch verschärfen. Ein lediglich gestaltender Mitteleinsatz wird diese Standortnachteile nicht auffangen. Die verkehrspolitischen Maßnahmen vieler Verkehrs- und Städteplaner werden den Standort Innenstadt zunehmend weniger attraktiv werden lassen, wenn diese Maßnahmen weiterhin zur Einschräkung der Erreichbarkeit führen. Damit einhergehen kann ein Verlust an Einzelhandelszentralität der zentralen Einkaufslagen. Die Begriffe Innenstadtqualität und innerstädtische Funktionsvielfalt sind neu zu definieren.

Nicht nur die Nähe zu den Hauptverkehrslagen und Parkangeboten beeinflußt die Standortorientierung in zentralen Lagen, auch die Nähe und die Qualität öffentlicher Verkehrsmittel stellen eine beachtenswerte Alternative dar (siehe hierzu auch die Untersuchung der Bundesarbeitsgemeinschaft der Mittel- und Großbetriebe zum Kundenverkehr.

These 7: Der Einzelhandel soll auch in Zukunft die Entwicklung der Innenstädte mittragen.

Um dieser Zielsetzung gerecht zu werden, haben Bund, Länder und Gemeinden beträchtliche Mittel zur Revitalisierung der Innenstädte und damit auch zur Stabilisierung der innerstädtischen Handelsfunktion eingesetzt. Zu hoffen ist, daß der Bund sich an dieser Aufgabe auch langfristig beteiligen wird. Auch die Anwendung des Instruments des § 11 Abs. 3 Baunutzungsverordnung (BauNVO) soll zu einer überschaubaren Wettbewerbsentwicklung durch Standortregulierung im Sinne der Verfolgung einer städtebaulichen Zielsetzung beitragen und dadurch den Standort Innenstadt stabilisieren helfen und gegebenenfalls zu einer Weiterentwicklung beitragen.

Die Standortnachfrage des Einzelhandels soll auf die Innenstadt gelenkt werden. In Verbindung mit der Nachfrage anderer Wirtschaftsgruppen hat dies bei begrenztem Flächenangebot erhebliche Mietpreissteigerungen ausgelöst. Miet- und Erwerbskosten haben mittlerweile in vielen Städten Größenordnungen erreicht, die von einer Reihe von Betrieben/Branchen nicht mehr getragen werden können. Die Aufgabe von Standorten, häufiger Mieterwechsel, Änderungen in der Nutzungsstruktur sind die Konsequenzen ebenso wie eine zunehmende Textilisierung und, damit einhergehend, eine Verflachung des Angebotes. Für Betriebe mit Standortorientierung Innenstadt steigen die Aufwendungen zur Standortsicherung und Standortveredelung. Wenn das Flächenangebot nicht erweitert werden kann und der Nachfragedruck auf innerstädtische Quartiere anhält, dann müßte trotz erhöhter Qualitätsanforderungen die Mietpreisentwicklung eingedämmt werden, um die Nutzungsvielfalt von Innenstadtquartieren zu bewahren. Ein direkter Eingriff in die Mietpreisfestsetzungen stellt eine für Kapitalanleger allerdings kaum verständliche Maßnahme dar.

These 8: Dem hohen Investitionsdruck mit seinen Folgewirkungen in den Innenstädten ist auf Dauer durch weitere Standortalternativen zu begegnen.

Da insbesondere bei günstiger Konjunkturentwicklung und steigender Zahl der Bewohner und Privathaushalte weiterhin erhebliche Zuwächse an Einzelhandelsflächen zu erwarten sind, stellt sich das Problem der Standortaufbereitung zwingender noch als in den vergangenen Jahren. Da ferner trotz intensiver Bemühungen zur Bewahrung einer innerstädtischen Nutzungsvielfalt, die aber gleichzeitig durch Strukturveränderungen (z.B. Entwicklung der Betriebsgrößen) konterkariert werden, die traditionellen Einzelhandelslagen, wenn überhaupt, nur noch begrenzt aufnahmefähig sind, müssen Standortalternativen geschaffen werden. Im Sinne eines neuen städtebaulichen Leitbildes sind zu entwickeln:

- eine höhere Kompromißbereitschaft hinsichtlich Standortanforderungen der einzelnen Nutzungsarten, der Einzelhandelsbranchen,
- Recycling von Branchenflächen als Standortalternativen,
- gegebenfalls die Erweiterung von Citylagen bei angemessenen Standortbedingungen; Aufwertung von Nebenzentrenlagen sowie
- die Integration baulicher Entwicklungen in ein bestehendes Standortgefüge.

Dabei müßte per Saldo ein zurückhaltender Bodenverbrauch als Maxime zugrunde gelegt werden. Dies allein dürfte den Standortbelangen des Handels nicht umfassend Rechnung tragen. Da aber eine Standortoptimierung nicht nur vom Standpunkt der Unternehmen aus betrachtet werden kann, werden sich Unternehmensentscheidungen gegebenenfalls stärker an den städtebaulichen Zielsetzungen der Kommunen zu orientieren haben.

III. Konsequenzen für die Stadtentwicklung aus der Sicht des Handels

Trotz intensiver Bemühungen zur Bewahrung und zum Ausbau der zentralen, städtebaulich integrierten Einkaufslagen dürften die Diskussionen um die Standortwahl des Handels einerseits und die Vorstellungen der öffentlichen Hand zur städtebaulichen Entwicklung andererseits anhalten.

Die Entwicklung des Einzelhandels wird mitgestaltet durch einige wenige Großfilialisten, die, ursprünglich nur im Lebensmittelsektor expandierend, zunehmend durch Übernahmen und Gründungen von Tochtergesellschaften auch im Nichtlebensmittelsektor aktiv werden. Der Fachmarkt ist die bevorzugte Vertriebsform. Diese Vertriebsform mit ihrer häufig dezentralen Standortorientierung dürfte die Einzelhandelsentwicklung in den kommenden Jahren bestimmen. Die unter anderem daraus resultierende Nachfrage nach Flächen und Standorten wird den Wettbewerbsdruck auf die zentralen Geschäftslagen noch verschärfen, obwohl mit Hilfe des Einsatzes von § 11 Abs. 3 BauNVO das Gegenteil erreicht werden soll. Trotz der seit 1962 mehrfach geänderten Fassungen des § 11 Abs. 3 BauNVO - die jeweiligen Fassungen hatten teilweise einen sehr direkten Einfluß auf die Handelsstruktur (z.B. auch die Entwicklung des Fachmarktkonzeptes) - sind die Erfolge einer Standortregulierung zur Erreichung städtebaulicher Ziele aus verschiedenen Gründen eher fragwürdig:

- In vielen Fällen sind trotz entsprechender Hinweise, z.B. in den Ländererlassen, alte Bebauungspläne nicht auf das aktuelle Baurecht umgestellt. Städte und Gemeinden reagieren statt zu agieren.
- Zwischen Städten und Gemeinden findet ebenfalls Wettbewerb statt, so daß für dezentrale Standortansiedlungen weiterhin Spielräume gegeben sind, die sich wiederum gerade gegen diejenigen Städte richten können, die zur Erreichung städtebaulicher Zielsetzungen dezentrale Ansiedlungen versagen.
- Bebauungsplanfestsetzungen zur Standortregulierung in einer Stadt stellen sich gerade in Verdichtungsräumen dann als problematisch heraus, wenn zwischen benachbarten Städten und Gemeinden nicht ein "übergemeindlicher Konsens" hergestellt wird, wie er z.B. im Raum Ludwigsburg, Kornwestheim, Bietigheim-Bissingen durch eine Vereinbarung der Kommunen angestrebt wird. Dies führt jedoch dazu, daß Städte unterschiedlicher Zentralität sich zu abgestimmtem Handeln verpflichten, somit aber auch eine laut Landesplanung anzustrebende Weiterentwicklung des Handels festschreiben.
- Trotz bau- und planungsrechtlicher Voraussetzungen, die zur Genehmigung von Einzelhandelsstandorten führen müßten, werden z.B. durch eine Veränderungssperre rechtlich zulässige Standorte blockiert. Durch langwierige Verfahren werden nicht nur Standpunkte verhärtet, die Zahl der Standortalternativen wird eingeschränkt.
- Da eine höchstrichterliche Rechtsprechung noch nicht vorliegt, Gerichte nicht einheitlich entscheiden, werden die Vorschriften des § 11 Abs. 3 BauNVO auch von den Genehmigungsbehörden und Kommunalparlamenten nicht einheitlich angewendet.
- Der mühselige, aufwendige und risikoreiche Klageweg kann in der Regel nur von finanzstarken Unternehmen/Investoren beschritten werden. Da gerade der mittelständische Einzelhandel dieses Risiko häufig nicht tragen kann und will, erfolgt bei einer solchen Sachlage auch ein Eingriff in die Entwicklung der Handelsstruktur.
- Nicht zuletzt ist die Anwendung des § 11 Abs. 3 BauNVO mitunter nicht sachgerecht, da der Grundsatz eines wettbewerbsneutralen Baurechts häufig nicht beachtet wurde. Im übrigen wird die teilweise einseitige Handhabung der BauNVO auch dadurch dokumentiert, daß gerade auf die Ausweisung von Sondergebieten zum Zweck der Standortregulierung verzichtet worden ist. So wurde in den vergangenen ca. 15 Jahren im gesamten Raum Mittlerer Neckar nur in einem besonderen Fall ein SO-Gebiet, und das gegen erhebliche Widerstände, festgesetzt. Damit aber wird Stadtentwicklung nicht durch aktives und vorausschauendes Handeln gestaltet, es findet vielmehr Stadtentwicklung durch Unterlassung statt.

Diskutiert wird eine erneute Novellierung des § 11 Abs. 3 BauNVO; damit ließe sich vermutlich über eine direkt verordnete Handlungsanweisung sehr dirigistisch in Unternehmensentscheidungen eingreifen, ohne daß gleichzeitig eine Handlungsanweisung zur Schaffung eines neuen städtebaulichen Leitbildes vorhanden wäre. Die Probleme der zentralen Geschäftslagen nähmen damit jedoch an Schärfe zu. Statt dessen sollten außer einer höheren Kompromißbereitschaft der einzelnen Nutzungsarten bezüglich der Standortanforderungen Konzepte für eine andere und dennoch qualitativ hochwertige Nutzungsmischung (bezogen beispielsweise auf die Branchenstruktur) der Innenstädte entwickelt werden. Daß dies aus der Sicht des Handels insgesamt zu einem Bedeutungsverlust der Innenstädte führen könnte, ist nicht auszuschließen, aus der Sicht des Verbrauchers wohl nicht dramatisch. Für den Handel in den städtebaulich integrierten Lagen wird die Qualitätssteigerung seiner Flächen vorrangig werden. Dies setzt Professionalität und Kompetenz voraus und die Bereitschaft zu einer intensiveren Zusammenarbeit.

Ulrich Kegel

Kommunale Strategien zur Planung und Steuerung der Einzelhandelsentwicklung

1. Phänomene

Die Flächenexpansion des Einzelhandels hält unvermindert an. Ein weitgehend ungehemmter Verdrängungswettbewerb zerstört die Versorgungsstrukturen in vielen Stadtquartieren. Mit der Ausdehnung der großflächigen Fachmärkte ist vielfach eine Angebotsverflachung verbunden, während die Bemühungen um ein Trading-up in den Innenstädten zu einer Angebotsverbesserung in den Spitzenlagen geführt haben.

Die großflächigen Einzelhandelsbetriebe vermeiden eine echte Konkurrenzsituation unter gleichen Kostenbedingungen wie der am Ort ansässige Handel. Andererseits gehören großflächige Einzelhandelseinrichtungen und deren Angebote nach heutigem Selbstverständnis zum urbanen Leben und haben eine wichtige Funktion in der gesamten Versorgungssituation der Bevölkerung. Besonders große und leistungsfähige Unternehmen schaffen attraktive Standorte und führen zu einem ausgeprägten Fachmarkttourismus (Elektro, Möbel). Auf der Suche nach geeigneten Grundstücken drängt der großflächige Einzelhandel mehr denn je in Gewerbe- und Industriegebiete, unterläuft damit indirekt die Ziele der kommunalen Planung und beeinflußt den Grundstücksmarkt zu Lasten kleinerer Handwerks- und Produktionsbetriebe.

2. Ziele aus kommunaler Sicht

Vorrangiges Ziel der Städte und Gemeinden zur Steuerung des Einzelhandelsgeschehens ist die Sicherung der Versorgungsgrundstrukturen, wobei der Erhalt der Cityfunktionen eine besonders wichtige Rolle spielt. Im Rahmen der kommunalen Konkurrenz ist aber auch gleichzeitig eine Stärkung der Einzelhandelszentralität ein wichtiges Ziel aus Sicht der Planung und Wirtschaftsförderung. Mit der Konzentration des großflächigen Einzelhandels auf wenige Sondergebiete sind im Regelfall eine Attraktivitätssteigerung, eine Sortimentsbereinigung und ein besserer Wettbewerb verbunden.

3. Konflikte

Die planerischen Ziele der Gemeinde kollidieren vielfach mit den Vorstellungen der ansässigen, aber vor allem der ansiedlungswilligen Betriebe. Was auf der einen Seite Planung und Steuerung im öffentlichen Interesse heißt, bedeutet für die Investoren faktisch einen Eingriff in die Marktmechanismen. Maßnahmen zur Sortimentsbeschränkung sind der Wettbewerbsverzerrung gleichzusetzen. Städtebauliche Konzepte werden als "sozialistische Planwirtschaft" abgetan. Offizielle Planungspolitik einer Stadt stimmt nicht in jedem Fall mit dem Vollzug der örtlichen Wirtschaftspolitik überein, so daß die Einflußnahme besonders großer Unternehmen auf die Kommunalpolitik zunimmt.

4. Hindernisse bei der Anwendung rechtlicher Instrumentarien

Die vom Gesetzgeber vorgegebenen Möglichkeiten zur Steuerung des Einzelhandelsgeschehens, insbesondere die konsequente Anwendung des § 11 Abs. 3 Baunutzungsverordnung, stoßen in den kommunalen Planungsdienststellen, aber auch in den zuständigen Fachausschüssen vielfach auf Vorbehalte und erhebliche Widerstände. Die Macht des Faktischen (Grundbesitz, Immobilienverwertung, Lage zum überörtlichen Straßennetz usw.) diktiert vielfach das Geschehen bei der Zulassung neuer Betriebe. Fehlende Gesamtkonzepte mit entsprechendem Satzungscharakter lassen auch oft städtebaulich begründete Auflagen oder Ablehnungen nicht zu, da die gerichtlich geforderte Normenklarheit dann nicht mehr gegeben ist.

5. Kommunale Konzepte - eine Gratwanderung

Kommunale Konzepte sind nicht nur als Grundlage einer gerichtlichen Auseinandersetzung von Bedeutung, sondern stellen vielmehr sowohl für die Kommune als auch für die Investoren eine wichtige Entscheidungsgrundlage dar. Ein Standortkonzept muß die Gratwanderung zwischen planerischem Dirigismus und marktwirtschaftlicher Entfaltungsmöglichkeit des Einzelhandels im Interesse der gesamten Stadtentwicklung gehen. Trotz eines genauen Standortkonzeptes sowie einer konsequenten Handhabung bei Einzelhandelsvorhaben in Gewerbegebieten muß ein gewisses Maß an Flexibilität gegeben sein, um der alles in allem dynamischen Entwicklung des Marktgeschehens gerecht zu werden.

6. Zentrenkonzept Einzelhandel - Fallbeispiel Braunschweig

Anhand des inzwischen vom Rat der Stadt Braunschweig beschlossenen Zentrenkonzeptes Einzelhandel werden die Entstehungsgeschichte, der Lernprozeß zu den Konzeptinhalten, der politische Entscheidungsprozeß und letztlich der abschließende Kompromißvorschlag erörtert (siehe Anhang).

7. Umsetzung des Konzepts - Abstimmung, Koordination, Beratung (Werkstattbericht)

Erste Erfahrungen mit dem Braunschweiger Konzept liegen vor. Anhand von aktuellen Einzelfällen sollen Wirkungsweise und Entscheidungsmechanismen vorgestellt und diskutiert werden. Der Schwerpunkt wird bei den Einrichtungshäusern, Textilfachmärkten, Erweiterungen aus dem Bestand und den SB-Märkten liegen.

Busso Grabow

Ergebnisse der Arbeitsgruppe "Planung und Standortwahl"

Die Arbeitsgruppe "Planung und Standortwahl" wurde von Herrn Sinz, BfLR, moderiert. Die einführenden Referate wurden von Herrn Kegel, Leiter des Amtes für Stadtentwicklung in Braunschweig, und von Herrn Vogels, Direktor der Gesellschaft für Markt- und Absatzforschung in Ludwigsburg, gehalten.

Alle im Programm aufgeführten Themenaspekte wurden in der Arbeitsgruppe angesprochen:

- Verhältnis von Zentren und Nebenzentren
- Standorte auf der "grünen Wiese",
- kommunale Konkurrenz und Zusammenarbeit,
- Flächen- und Planungsbedarf,
- Funktionsstärkung der Innenstädte und
- Folgewirkungen des § 11 Abs. 3 Baunutzungsverordnung

Zu jedem dieser Aspekte ergaben sich aus der Diskussion relativ klare und eindeutige Schlußfolgerungen.

Ein wichtiges Ergebnis vorweg: Es wurde sehr pragmatisch diskutiert, und es gab einen grundsätzlichen Konsens über die Philosophie, daß marktwirtschaftliche Entfaltungs- und Entwicklungsmöglichkeiten des Einzelhandels einen gewissen planerischen und gesetzgeberischen Rahmen nicht nur vertragen, sondern daß dieser Rahmen auch notwendig ist. Damit wurde in der Arbeitsgruppe auch der - sehr pointierten - Aussage von Herrn Niehüser aus dem Einführungsreferat der Tagung widersprochen, daß die Beeinflussung der Standortwahl von Einzelhandelsbetrieben durch Kommunen grundsätzlich skeptisch gesehen werden muß.

In den zwei einführenden Referaten war dieser Konsens in gewisser Weise bereits thematisiert; beide Vorträge fanden viel Zustimmung in der Arbeitsgruppe. Im folgenden werden einige Kernaussagen der Beiträge aufgeführt.

Herr Vogels wies darauf hin, daß es weitere deutliche Flächenzuwächse und damit verbundene Standortveränderungen geben wird, und dies - auch wenn derzeit die Veränderungen im Osten im Mittelpunkt des Interesses stehen - auch im Zusammenhang mit dem EG-Binnenmarkt. Er nannte eine Reihe von Gründen für die weitergehenden Funktionsverluste der Innenstädte. Möglichkeiten, dies aufzufangen, sah Herr Vogels am ehesten durch ein zielgerichtetes Agieren der Städte gegenüber dem - noch vielfach anzutreffenden - bloßen Reagieren auf Ansprüche und Veränderungsprozesse des Einzelhandels.

Herr Kegel thematisierte zunächst das Konfliktfeld Einzelhandel und Stadtentwicklung in sehr prägnanter Weise. Er stellte anschließend das kürzlich entwickelte Braunschweiger Zentrenkonzept vor. Damit gab er ein plastisches Fallbeispiel, wie Einzelhandel und Stadtentwicklung aufeinander zugehen können und wie damit den Standort- und Strukturveränderungen des Einzelhandels ein für alle Seiten vertretbares planerisches Korrektiv gegenübergestellt werden kann.

Unabhängig vom anfangs erwähnten grundsätzlichen Konsens über die Vereinbarkeit von Planung und Marktentwicklung gibt es dennoch eine Reihe von Konfliktfeldern, die die Abstimmungs- und Entscheidungsprozesse im einzelnen schwierig machen. Es wurde auch deutlich, daß jeweils individuelle Konzepte für jede Stadt notwendig sind, da die die Rahmenbedingungen in den einzelnen Kommunen sehr unterschiedlich ausfallen. Sieben der wichtigsten Faktoren werden im folgenden aufgezählt, die sich aus der Diskussion als wichtig für die Struktur- und Standortentwicklung der Einzelhandelsbetriebe in einer Kommune herauskristallisierten:

1. Innenstadtstruktur und Flächenreserven;
2. der Stand der Umstellung der Bebauungspläne auf die geänderte Baunutzungsverordnung (dies hängt sehr stark vom "Druck" der jeweiligen Landesregierung ab);
3. das Ausmaß der Ausweisung von Sondergebieten nach § 11 Abs. 3 BauNVO;
4. der Grad, in dem die Regierungspräsidien bzw. Bezirksregierungen ihre raumordnerische Aufsichtsaufgabe als Mittelbehörde wahrnehmen;
5. der Grad der interkommunalen oder regionalen Abstimmung (der meist sehr gering ist; es gibt nur wenige Gegenbeispiele);
6. der Abstimmungsprozeß innerhalb der Kommunen; oft verfolgen die einzelnen Behörden oder Ämter - z.B. Baubehörde, Stadtplanungsamt, Wirtschaftsförderung - ihre jeweils eigenen Interessen; auch ist ein Umwerfen planerischer Bemühungen durch politische Entscheidungen nicht unüblich;
7. der Grad der Restriktion, mit dem Kommunen auf Ansiedlungs-/Erweiterungswünsche eingehen, mit zwei Extrempositionen, die in Reinkultur allerdings kaum vorkommen:

    - Gemeinden, die sehr weitgehenden Bestandsschutz geben und anstreben, Neuansiedlungen grundsätzlich zu vermeiden,
    - Gemeinden, die sich Ansiedlungswünschen gegenüber sehr aufgeschlossen zeigen und - gerade im Umland von größeren Städten häufig beobachtbar - große Flächen für große Einzelhandelsbetriebe zur Verfügung stellen.

Die genannten Faktoren geben den Hintergrund dafür ab, ob und in welcher Form Zentrenkonzepte von Kommunen entstehen bzw. entstehen können. Die Aussprache der Arbeitsgruppe läßt sich pointiert zusammenfassen. Zentrenkonzepte, wie sie nicht nur in Braunschweig entwickelt worden sind, sondern in einer ganzen Reihe weiterer Städte, sind notwendig. Es gibt verschiedene Gründe dafür:

- Sie helfen, gewachsene Zentrenstrukturen in den Städten zu erhalten und eventuelle neue Zentren zielgerichtet zu entwickeln.
- Sie geben dem Einzelhandel Planungssicherheit und Planungshilfe für seine Investitionen, gerade wenn sie zukunftsorientiert und mit kommunaler Beratung bei der Standortsuche von Einzelhandelsbetrieben verbunden sind.
- Gesamtstädtische Konzepte sind, soweit sie auch durch Ratsbeschluß besiegelt werden, ein entscheidendes Plus bei Rechtsprechung in Konfliktfällen.
- Sie machen die oft als willkürlich empfundenen kommunalen Restriktionen für den Einzelhandel transparenter und nachvollziehbarer.

Es gibt eine Reihe wichtiger und charakteristischer Merkmale von Zentrenkonzepten (das Folgende lehnt sich stark an das von Herrn Kegel vorgestellte Braunschweiger Konzept an):

- Sie geben Auskunft über die bestehende und zukünftig geplante Zentrenstruktur der Stadt oder des Raumes (einschließlich der Nebenzentren bis hin zu den Standorten der wohnungsnahen Versorgung).
- Sie weisen im allgemeinen Sondergebiete aus, in denen sich vor allem großflächige Betriebe, wie z.B. Fachmärkte, niederlassen können. Jedoch gibt es keine Pflicht zur Ausweisung von Sondergebieten; der Einzelhandel hat keinen Anspruch darauf.
- Sie reagieren nicht auf Standortanforderungen, sie schaffen Standortvoraussetzungen.
- Ansiedlungen und Erweiterungen werden auf die Zentrenverträglichkeit der Sortimente geprüft.

- Bei bestimmten Ansiedlungen (z.B. größeren Verbrauchermärkten) kann Bestandsschutz Vorrang haben.
- Zentrenkonzepte lassen innerhalb des beschriebenen Gerüsts einen möglichst breiten Rahmen zur Entwicklung des Einzelhandels und damit dem Markt freie Entfaltungsmöglichkeiten.
- Partner für die Aufstellung von Zentrenkonzepten sind die Stadt, die Kammern, die Einzelhandelsverbände und nach Möglichkeit auch die Umlandgemeinden. Die Konzepte sollten auch durch regionale Abstimmungen verfeinert werden.
- Zwei Jahre scheint ein realistischer Zeitraum für die Aufstellung eines Konzeptes zu sein; es herrschte Konsens darüber, daß drei bis fünf Jahren nach Aufstellung Überprüfungen und gegebenenfalls Modifikationen nötig sind.

Natürlich liegen auch - teilweise sehr massive - Konfliktpotentiale in solchen Konzepten verborgen. Zwei Beispiele aus der Diskussion seien dafür genannt:

- Welche Sortimente sind generell zentrenverträglich, gefährden also nicht den Einzelhandel in den bestehenden Zentren, vor allem der Innenstadt?
- Randsortimente von Fachmärkten sind oft nicht mehr zentrenverträglich, machen aber teilweise bis zu 40% des Umsatzes der Betriebe aus und sind damit wichtig für deren (Über-)Lebensfähigkeit.

Wenn vernünftige Zentrenkonzepte ausgearbeitet sind und Neuansiedlungen und Erweiterungen in diesem Rahmen stattfinden, dann sind - auch hierüber herrschte Konsens - die Innenstädte nur wenig gefährdet. Es wurde mehrfach auf die ganz eigenen Vorteile der Innenstädte hingewiesen, die gerade für den Erlebniseinkauf ihre besonderen Qualitäten haben. Die Kommunen müssen die Vorteile der Innenstädte nur entsprechend nutzen und herausarbeiten. Zwei Merkpunkte wurden dabei noch angesprochen: Das Trading-up in den Citys stößt an natürliche Grenzen; die Citys bieten gerade für die neuen, kleineren Fachmärkte bis 1000 m^2 wieder Standorte an.

Die Diskussion kann abschließend in acht Thesen zusammengefaßt werden:

1. Es bestand Konsens über Notwendigkeit und Sinn gewisser planerischer Maßnahmen bei der Gewährleistung von marktwirtschaftlichen Entfaltungsmöglichkeiten des Einzelhandels in diesem Rahmen.

2. Es wird mit einer weiteren Flächenzunahme im Einzelhandel in neuen oder veränderten Standortlagen ausgegangen.

3. Die Entwicklung von Standort- oder Zentrenkonzepten ist notwendig und sinnvoll.

4. Interkommunale bzw. regionale Kooperation ist weit stärker nötig als bisher; sie ist Voraussetzung für das wirkliche Funktionieren von vernünftiger Standortentwicklung.

5. Die Planungs- und Investitionssicherheit des Einzelhandels muß durch die beschriebenen kommunalen Maßnahmen erhöht werden.

6. Konfliktfelder liegen weniger im Grundsatz, sondern eher im jeweiligen Einzelfall der Konzeptentwicklung und -realisierung begründet.

7. Negative Folgewirkungen des § 11 Abs. 3 Baunutzungsverordnung - in der Arbeitsgruppe wurde vom "Bumerangeffekt" gesprochen - sind nur bei fehlenden Standortkonzepten zu befürchten.

8. Bei vernünftiger Standortkonzeption, die im Dialog zwischen den Partnern entsteht und realisiert wird, sind die Innenstädte relativ ungefährdet. Gleiches gilt für die wohnraumnahen Standorte (wobei in diesem Punkt die Meinungen stärker auseinandergingen).

6. Einzelhandel und Stadtentwicklung - Ergebnisse der Podiumsdiskussion

Gerd Kühn

Ergebnisse der Diskussion - Resümee

Im ersten Beitrag nach der Einführung durch den Diskussionsleiter Herrn Sauberzweig geht Frau Thalgott von der Überlegung aus, Planung in der Stadt müsse durchschaubar sein. Zentrenkonzepte seien ein geeignetes Instrument, "Ordnung in die Planung zu bringen". Sie in Abstimmung mit anderen Akteuren zu erstellen, sei eine wichtige kommunale Aufgabe.

Im Verkehrsbereich müsse die Kommune deutliche Aussagen machen: Welche Prioritäten sollen gesetzt werden? Öffentlicher Verkehr und Individualverkehr (IV) müssen sich ergänzen. Um indessen die Akzeptanz des öffentlichen Personennahverkehrs (ÖPNV) zu ermöglichen, sei eine gezielte Förderung des ÖPNV unerläßlich. Wichtig sei auch hier die Kooperation zwischen öffentlichen und privaten Handlungsträgern. (So hat man beispielsweise in Kassel seitens der Stadt Prioritäten für den ÖPNV mit dem Einzelhandel eingehend diskutiert.)

Anschließend führt Herr Brög aus, daß die städtischen Akteure im allgemeinen ein gutes Gefühl für die Realität hätten; indes bestätigten Ausnahmen die Regel: In bezug auf den Verkehr seien die Fehlerquoten bei der Beurteilung des Fahrverhaltens der Verkehrsteilnehmer hoch. Denn die häufige Annahme, der Pkw sei das dominierende Verkehrsmittel der Einzelhandelskunden, sei falsch. Die Bedeutung des Pkw werde sehr oft erheblich überschätzt. (So übertreffe z.B. der Anteil des ÖPNV am Münchner Besorgungsverkehr den Anteil des dortigen IV ganz beträchtlich.)

Herr Kosakowski verweist darauf, daß eine Betrachtung der Verkehrsprobleme sich nicht auf den Aspekt der innerstädtischen Einzelhandelsstandorte verengen darf; vielmehr müsse der Einzelhandel im gesamten Stadtraum betrachtet werden. So lägen in den Innenstädten die Pkw-Anteile am Besorgungsverkehr häufig unter 10 %. Mit zunehmender Entfernung von der City stiegen sie dann deutlich an.

Notwendig sei eine verstärkte Zusammenarbeit zwischen den städtischen Akteuren und dem Einzelhandel. Zu bemängeln sei die geringe Anpassungsfähigkeit der städtischen Handlungsträger an veränderte Entwicklungen. So habe die Zentrenpolitik in Berlin in den letzten 15 Jahren keine Modifizierung erfahren; eine Randplanung mit der Ausweisung von Sondergebieten sei unterblieben. Eine weitere "kommunale Sünde" sei die Flächenverknappung, welche letztlich nur die Mieten in die Höhe treibe. Ein Mietstopp würde mit "Schwarzmarktpreisen" umgangen. Statt eines solchen "Einschnürens" solle mehr auf die Regelungskräfte des Marktes gesetzt werden.

Herr Dieckmann erwidert, auf Herrn Kosakowski eingehend, daß Planung ein politischer Prozeß sei. Vorschnelle Schuldzuweisungen an die Planer seien nicht angebracht. Zudem müßten Handelseinrichtungen akzeptieren, daß man sich mit seinen Interessen in diesen Prozeß einbringen müsse und dabei "nicht immer gewinnen kann".

Allerdings dürfe Entwicklungsplanung nicht statisch angelegt sein. Die methodischen Ansätze der Stadtentwicklungsplanung sollten wieder stärker berücksichtigt werden. Stadtentwicklungsplanung sei ein wichtiger Gesamtansatz einer integrierten Stadtpolitik, wobei nur eine umfassende politische Diskussion zu einem Konsens führe. Dem Einzelhandel wiederum müsse man Defizite bei der Wahrnehmung politischer Entscheidungsstrukturen vorwerfen.

Herr Haupt macht in seinem Beitrag deutlich, daß Planung von der Wirtschaft durchaus als notwendiges Instrument gesehen werde. Aber: Planer sollten sich auf die Setzung von Rahmenbedingungen beschränken statt sich in Details - bis hin zur Sortimentsfestlegung - zu verlieren ("Planung neigt zum Endlos-werden").

Eine Lösung der Verkehrsprobleme werde nicht durch eine einseitige Orientierung auf den ÖPNV herbeigeführt. Die Städte benötigten beides, ÖPNV und IV. Wichtig sei die Klärung der Frage des richtigen Umgangs mit dem IV.

Daneben müsse das Bauplanungsrecht Standortausweisungen flexibel behandeln. Hilfreich seien auch städtische Gesamtkonzepte. Insgesamt solle das Augenmerk verstärkt auf Stadtmarketing gerichtet werden ("die Stadt als Produkt").

Herr Giesen sieht für die kleineren Städte (Kleinstädte, kleinere Mittelstädte) Probleme mit großen "Planungswürfen". Deshalb ziehe man häufig externe Berater hinzu, um - etwa bei der Vielfältigkeit des ländlichen Raumes - zu "maßgeschneiderten" Konzepten zu gelangen. Zwar ziehe man gern den lokalen Sachverstand hinzu, aber der Einzelhandel mache häufig seine Absichten nicht deutlich.

Die Einstellung des Einzelhandels zur Verkehrsmittelwahl der Konsumenten sei nicht neutral. Er favorisiere ehe den Pkw-Nutzer. Indes gewinne der ÖPNV auch in Klein- und Mittelstädten durchaus an Bedeutung. Der Einzelhandel solle hier die Zeichen der Zeit erkennen und Initiativen zur stärkeren Nutzung des ÖVPN mittragen.

Herr Rückl stellt klar, daß Stadtverwaltungen und Einzelhandel ein gemeinsames Ziel verfolgen: Die Stadt soll lebenswert bleiben. Wichtig sei der richtige Umgang aller Akteure miteinander ("Kooperation tut not"). Dies betreffe auch die Lösung verkehrspolitischer Probleme. Hier sei es unehrlich, das Heil nur beim ÖPNV zu suchen. Betrachte man etwa die Situation in München, so werde deutlich, daß die Stadt trotz hoher ÖPNV-Anteile voller Autos sei. Unrichtig sei zudem die These, der Einzelhandel verfolge seine Interessen nur egoistisch. Zu einer Lösung anstehender Probleme sei die richtige Gesprächskultur unerläßlich; "Alibi-Runden" seien eine untaugliche Strategie.

Herr Roesler verweist darauf, daß der Mensch bei der Diskussion des Konsumverhaltens nicht nur als Objekt betrachtet werden dürfe. Vielmehr müßten individuelle Komponenten beim Einkaufsverhalten beachtet werden, Trendänderungen dürften nicht außer acht gelassen werden. Befragungsergebnisse von Prognos belegten, daß inzwischen oft verschiedene innerstädtische Besuchsanlässe gegeben seien; der Einkauf als alleiniger oder wichtigster Besuchsgrund verliere an Gewicht, die Nachfrage nach anderen Erlebnissen gewinne an Boden. Diese Entwicklung müsse bei einer Gewichtung der Innenstadtfunktionen Beachtung finden.

Gerade in Klein- und Mittelstädten versuchten öffentliche Akteure häufig vergeblich, Innenstadtentwicklungen anzustoßen. Versuche, die Attraktivität zu steigern, seien gescheitert, weil sich der mittelständische Einzelhandel unkooperativ verhalte und nicht "mitziehe". Ein Grund für dieses Verhalten des Einzelhandels müsse in unterschiedlichen Anforderungen an die Qualifikation der Geschäftsleiter gesehen werden: In Klein- und Mittelstädten finde man überwiegend den mittelständischen "Einzelkämpfer", der anderen nicht über den Weg traut, während in den Großstädten meist ein ganz anderer, offener Typ als Geschäftsleiter vorherrsche.

Abschließend geht Herr Kahnert auf Aufgaben des Bundes ein. Der Bund setze mit entsprechenden rechtlichen Instrumenten (Baugesetzbuch, Baunutzungsverodnung) den Handlungsrahmen und sei gehalten zu prüfen, ob dieser Rahmen stets problemadäquat (etwa bei der Festsetzung von Sondergebieten) ist. Hierzu diene neben der Ressortforschung ganz wesenlich der Experimentelle Wohnungs- und Städtebau des Bundes, der sich gegenwärtig im Rahmen des Themas "Innenstadtentwicklung" anhand von Modellfällen mit drei thematischen Schwerpunkten beschäftigt:

1. Aufwertung der Innenstädte durch städtebauliche Maßnahmen,
2. Stadtmarketing und
3. Steuerung der Entwicklung des Einzelhandels außerhalb der Innenstadt.

Der Ergebnistransfer solle durch Seminare und Veröffentlichungen erfolgen.

In der anschließenden Diskussion mit dem Plenum wurden folgende ergänzende Aspekte hervorgehoben:

Herr Monheim, Bayreuth (auf Herrn Roesler eingehend) bestätigt zum einen - auf der Basis eigener Untersuchungen -, daß Einkaufen als primärer Besuchsanlaß quantitativ an Bedeutung verliert. Zum anderen hätten Klein- und Mittelstädte tatsächlich Probleme mit den dort ansässigen Einzelhändlern: "Deren Verhalten ist geradezu geschäftsschädigend."

Anschließend bemerkt Herr Klein, Braunschweig (auf Herrn Kahnert eingehend), daß weniger die Innenstädte (in die kein Geld "gepumpt werden muß"), sondern die Stadtteilzentren die eigentlichen städtischen Problemgebiete seien. Herr Kahnert erwidert, daß die Richtlinien des Experimentellen Wohnungs- und Städtebaus keine Förderung von Investitionen zuließen, und merkt weiter an, daß den Nebenzentren in der Tagung zuwenig Beachtung geschenkt worden sei. Herr Roesler gibt hierzu zu bedenken, daß Stadtteilzentren generell massiv subventioniert würden.

Frau Thalgott (auf Herrn Roesler eingehend) wirft im Zusammenhang mit dem Einkaufsverhalten die Frage nach den vielfältigen und unterschiedlichen Wünschen auf, für die Raum in der Stadt sein müsse.

Herr Haupt (ebenfalls zu Herrn Roesler gewandt) bestätigt zwar einen Bedeutungsverlust des Einzelhandels in den Innenstädten in zurückliegenden Zeiten, bezweifelt aber die Höhe der Verluste und betont die positive Entwicklung des Einzelhandels in den Innenstädten in den letzten Jahren, die mit den Stichworten "Renaissance der Innenstädte" und "Erlebniseinkauf" beschrieben werden könne. Diese Entwicklung dürfe durch die Überbetonung des ÖPNV nicht konterkariert werden, denn der Einzelhandel sei wesentliches Lebenselixier der Innenstadt.

Herr Rückl weist schließlich auf die enormen Parkplatzprobleme hin ("die Stadt muß erreichbar bleiben").

Die Podiumsdiskussion machte abschließend zweierlei noch einmal deutlich: Zum einen bestehen in der Frage der Verkehrserschließung, insbesondere der Bedeutung des Autos für den Einzelhandel, erhebliche Einschätzungsunterschiede zwischen Einzelhandel und Stadtplanung, wenngleich die Vertreter des Einzelhandels einräumten, daß sowohl dem ÖPNV als auch dem IV eine große Bedeutung für den Einzelhandel zukomme. Zum anderen wurde aber auch deutlich, daß bei Einzelhandel und Stadtplanung zunehmend die Erkenntnis wächst, daß die Probleme der Städte und ihres Handels nur gemeinsam zu lösen sind.

Anhang

1. Beschlußvorschlag des Referates für Stadtentwicklung der Stadt Braunschweig zum Zentrenkonzept Einzelhandel

"Bei Einzelhandelsvorhaben soll künftig entsprechend dem 'Zentrenkonzept Einzelhandel' (Teilfortschreibung des Zielkonzeptes Wirtschaftsförderung 1985), Stand: Dezember 1989, verfahren werden.

Die außerhalb der Innenstadt ausgewiesenen Geschäftsgebiete ('G') und Kerngebiete ('MK') sind in Anlehnung an das Zentrenkonzept Einzelhandel zu überprüfen. Die betreffenden Bebauungspläne sind zur Sicherung einer geordneten städtebaulichen Entwicklung und zur Erhaltung der Funktionsfähigkeit von City und örtlichen Versorgungszentren ggf. zu ändern."

Der Rat der Stadt Braunschweig hat am 11.7.1989 beschlossen, das Zielkonzept Wirtschaftsförderung aus dem Jahre 1985 in dem Teilbereich Einzelhandel fortzuschreiben und unter anderem auch auf wenige Standorte beschränkt Entwicklungsbereiche für zentrenverträgliche, großflächige Einzelhandelseinrichtungen und Fachmärkte auszuweisen.

Das Konzept wurde parallel zur Beratung in den betroffenen Stadtbezirken den zuständigen Verbänden (Industrie- und Handelkammer, Einzelhandelsverband und Arbeitsausschuß Innenstadt) zur Stellungnahme vorgelegt. Was die grundsätzliche Vorgehensweise betrifft, wurde dem Konzept zugestimmt bzw. wurde es ausdrücklich begrüßt. Dies gilt insbesondere für die vorgesehene Ausweisung von sechs Entwicklungsschwerpunkten für den großflächigen Einzelhandel, wie auch für die Absicht, den Einzelhandel grundsätzlich aus Industrie- und Gewerbegebieten fernzuhalten, sofern die Nahversorgung in den einzelnen Wohnquartieren gefährdet ist.

Bezüglich der im Zentrenkonzept vorgeschlagenen Sortimentsgestaltung und der Kontrolle der zulässigen Randsortimente in Entwicklungsschwerpunkten gab es Anregungen und Vorbehalte. Daneben wurde angesichts der Öffnung der innerdeutschen Grenze gefordert, daß mit der Erweiterung des Einzugsbereiches des Oberzentrums Braunschweig eine den neuen Gegebenheiten stärker angepaßte Verfahrensweise gegenüber großflächigen Einzelhandelseinrichtungen einhergehen bzw. deutlich werden müsse. In Anbetracht dieser neuen Situation könne ein zu restriktiv wirkendes Konzept unter Umständen die weitere Entwicklung des Oberzentrums Braunschweig mit einer nunmehr auch weit in das östliche Umland hineinreichenden Versorgungsfunktion beeinträchtigen. Die tatsächliche Entwicklung ist jedoch genau zu beobachten, weil in der Bundesrepublik tätige Handelskonzerne bereits Verhandlungen führen, um in den Städten der DDR Einzelhandelseinrichtungen zur Verbesserung der dortigen Versorgungslage anzusiedeln.

Die im Konzept aufgelisteten zentrenverträglichen und zentrenschädlichen Warengruppen sind als grundsätzliche Richtschnur zu verstehen. Die rechtsverbindliche Festlegung der in den Entwicklungsschwerpunkten jeweils zulässigen Sortimente bleibt wie bisher dem jeweiligen Bebauungsplanverfahren bzw. den einzelnen Baugenehmigungsverfahren vorbehalten.

Ein Abweichen von dieser Richtschnur ist nur in einem besonders begründeten Einzelfall zu vertreten, wenn durch das betreffende Einzelhandelsvorhaben nicht die Angebotsvielfalt und die Attraktivität der Innenstadt und vor allem nicht die Funktionsfähigkeit bestehender Nahversorgungszentren beeinträchtigt werden. Es obliegt dem Projektträger, durch anerkannte Gutachter im einzelnen nachzuweisen, daß eine Beeinträchtigung oder gar eine Gefährdung der Zentren nicht zu befürchten ist. Das Zentrenkonzept, Stand September 1989, ist um diesen Passus ergänzt worden.

Die in Form des Zentrenkonzeptes vorliegende Teilfortschreibung des Zielkonzeptes Wirtschaftsförderung 1985 ist ein entscheidendes Instrument, um

a) innerhalb der Stadt Braunschweig ausgewogene Angebotsstrukturen und mithin eine gegenseitig funktionale Ergänzung von City, örtlichen Versorgungszentren und großflächigen Einzelhandelsschwerpunkten sicherzustellen und

b) die Position und Funktion Braunschweigs als Oberzentrum der Region zu festigen.

Aus Sicht der Verbraucher wie der Investoren qualifiziert sich ein Standort durch seine Entwicklungsdynamik. Wenn in Braunschweig die Bereitschaft dokumentiert wird, zentrenverträgliche, großflächige Einzelhandelseinrichtungen grundsätzlich zuzulassen, und parallel dazu versucht wird, die Erreichbarkeit und das Parkraumangebot in der Braunschweiger Innenstadt zu verbessern (integriertes Parkraumbewirtschaftungskonzept, Parkleitsystem usw.), dann betreiben die Stadt und der Handel eine sinnvolle, aktive Zukunftsvorsorge.

Mit dem vorliegenden Konzept wird für die nächsten fünf bis zehn Jahre ein Entwicklungsspielraum geschaffen, wie er einerseits vom Einzelhandel benötigt wird und der sich andererseits noch in einem städtebaulich vertretbaren Rahmen hält. Auf der Grundlage des Zentrenkonzeptes können künftig Ansiedlungen von großflächigen Einzelhandelseinrichtungen mit zentrenunschädlichen Sortimenten auf wenige, städtebaulich verträgliche Standorte gelenkt werden. Dies ist nach derzeitigem Kenntnisstand eine wesentliche Voraussetzung nicht nur für eine zweckgerechte Nutzung und Entwicklung der ausgewiesenen Gewerbe- und Industriegebiete der Stadt, sondern auch für die Sicherung der Funktionsfähigkeit der örtlichen Versorgungszentren in den einzelnen Stadtquartieren und den Erhalt der Attraktivität und Angebotsvielfalt der Braunschweiger Innenstadt.

Gegen Ende der 60er Jahre und in den 70er Jahren sind unter dem damals vorherrschenden städtebaulichen Leitbild der hohen Verdichtung von baulichen Nutzungen zahlreiche Bebauungspläne aufgestellt worden, um den Bau bestimmter Einrichtungen in stark verdichteter Bauweise zu ermöglichen. Da gemäß den Bestimmungen der Baunutzungsverordnung (BauNVO) in sogenannten Kerngebieten ("MK-Gebieten") die höchsten Maße der baulichen Nutzung zugelassen werden konnten, wurden vielfach MK-Gebiete ausgewiesen, obwohl als Nutzungsstrukturen nicht Kerngebietsstrukturen im eigentlichen Sinne angestrebt wurden. In einigen Fällen ist es bis heute zur Ansiedlung der seinerzeit vorgesehenen MK-Nutzungen nicht gekommen.

Eine ganze Reihe der in dieser Zeit aufgestellten Bebauungspläne stehen aufgrund der geänderten gesellschaftlichen und ökonomischen Rahmenbedingungen inzwischen einer zeitgemäßen geordneten städtebaulichen Entwicklung entgegen. Der Bedarf zur Überprüfung und ggf. Änderung dieser Bebauungspläne zur Sicherung einer geordneten städtebaulichen Entwicklung ist unverkennbar. Dies wird bereits aus den Darstellungen des Flächennutzungsplanes der Stadt ersichtlich. Die Darstellung von sogenannten gemischten Bauflächen wurde außerhalb der Innenstadt bereits auf einige wenige städtebaulich besonders begründete Bereiche beschränkt. Die Darstellungen des Flächennutzungsplanes in der Fassung der zweiten Auflage 1986 enthalten insofern bereits den Hinweis, die darüber hinaus in Bebauungsplänen festgesetzten Kerngebiete zu überprüfen bzw. die betreffenden Pläne zu aktualisieren.

Entsprechend dem Grundsatzbeschluß des Rates vom 10.7.1989 zur Fortschreibung des Zielkonzeptes Wirtschaftsförderung aus dem Jahr 1985 sind gemäß den Bestimmungen der BauNVO 1986 großflächige Einzelhandelseinrichtungen mit mehr als 1.200 m^2 Geschoßfläche in der Regel nicht nur in eigens für sie ausgewiesenen Sondergebieten, sondern auch in Kerngebieten zulässig. Durch die Verabschiedung des hier vorliegenden Zentrenkonzeptes Einzelhandel bekundet die Stadt den ausdrücklichen Willen, künftig großflächige Einzelhandelseinrichtungen außer in der Innenstadt nur noch in "SO-Handel"-Gebieten zuzulassen, sofern grundsätzlich zentrenverträgliche Warensortimente angeboten werden.

Nach Beschlußfassung des Zentrenkonzeptes sind gerade in den alten ausgewiesenen Geschäfts- und Kerngebieten der Stadt in verstärktem Umfang Bauanträge für die Ansiedlung nicht nur von großflächigen, sondern auch von "kleineren", unterhalb der 1.200-m^2-Grenze der BauNVO liegenden Einzelhandelsbetrieben mit zentrenschädlichen Sortimenten zu erwarten. Aus diesem Grund ist es erforderlich, außerhalb der Innenstadt alte, inzwischen überholte G- oder MK-Festsetzungen enthaltende Bebauungspläne zu überprüfen und ggf. dahingehend zu ändern, daß dort in der Regel nur noch Einzelhandelseinrichtungen in einer Größenordnung und mit einem Warensortiment zulässig sind, die weder die geordnete städtebauliche Entwicklung noch die Sicherung der Funktionsfähigkeit von City und örtlichen Versorgungszentren beeinträchtigen. Die Ratsgremien der Stadt werden daher gebeten, das "Zentrenkonzept Einzelhandel" (Teilfortschreibung des Zielkonzeptes Wirtschaftsförderung 1985) in der nunmehr vorliegenden Fassung zu beschließen.

2. Zentrenkonzept Einzelhandel der Stadt Braunschweig vom Dezember 1989

Teilfortschreibung des Zielkonzeptes Wirtschaftsförderung

1. Einleitung

Die Vorgaben des Zielkonzeptes Wirtschaftsförderung, 3. Fortschreibung 1985 für den Teilbereich Einzelhandel, haben sich als nicht mehr ausreichend erwiesen.

Die Bemühungen des Einzelhandels, sich unter anderem wegen der vergleichsweise günstigen Grundstückspreise verstärkt in Gewerbe- und Industriegebieten anzusiedeln, höhlen zunehmend die gewachsene Zentrenstruktur der Stadt aus. Sie verschlechtern nicht nur die Versorgungslage in einzelnen Stadtquartieren, sondern beeinträchtigen auch eine zweckgerechte Entwicklung der ausgewiesenen Gewerbe- und Industriegebiete. Die vom Rat per Satzungsbeschluß festgestellten Ziele der verbindlichen Bauleitplanung werden unterlaufen, und die städtebauliche Ordnung wird auf diese Weise in vielen Teilen der Stadt in Frage gestellt.

Das Eindringen des vorwiegend überregional operierenden Einzelhandels in Gewerbegebiete führt dort zu erheblichen Grundstückspreissteigerungen, so daß örtliche Gewerbe- und Handwerksbetriebe oft entweder unmittelbar verdrängt oder in ihren Erweiterungsmöglichkeiten eingeschränkt werden. Der Einzelhandel unterläuft in diesen Fällen die langfristigen wirtschaftsförderungspolitischen Zielsetzungen der öffentlichen Hand.

In der Vergangenheit war mit der Expansion des Einzelhandels außerhalb der gewachsenen Zentren (City und Stadtteilzentren) eine Angebotsverlagerung und teilweise auch eine allgemeine Angebotsverbesserung verbunden. Inzwischen bereitet diese unvermindert anhaltende Entwicklung jedoch zunehmend städtebauliche Probleme. Wenn sich viele Einzelhandelsbetriebe vorzugsweise nicht "in", sondern "zwischen" gewachsenen Stadtteilzentren ansiedeln, gefährden sie unmittelbar die funktionierenden, wohnungsnahen Versorgungsstrukturen der umliegenden Stadtquartiere.

Um dieser für die Stadt insgesamt schädlichen Entwicklung rasch und wirksam zu begegnen, muß bei der Genehmigungspraxis für Einzelhandelseinrichtungen auf der Grundlage des bisherigen Zielkonzeptes Wirtschaftsförderung eine Kurskorrektur erfolgen.

Das im Herbst 1988 in das Beteiligungsverfahren gegebene "Zentrenkonzept" hatte hierzu bereits Vorschläge unterbreitet, die jedoch bei den beteiligten Verbänden auf Kritik gestoßen waren. Unter Beachtung der vorgetragenen Bedenken waren bei der zu erarbeitenden Fortschreibung des Zielkonzeptes Wirtschaftsförderung, Teilbereich Einzelhandel, folgende Ziele zu beachten:

- Erhaltung und Stärkung der Attraktivität und der Angebotsvielfalt der Braunschweiger Innenstadt und der Funktion Braunschweigs als Oberzentrum der Region.
- Sicherung der wohnungsnahen Versorgungsfunktion in den Stadtquartieren,
- Wahrung einer geordneten städtebaulichen Entwicklung in allen Versorgungszentren und Gewerbegebieten,
- langfristige Sicherung eines ausreichenden Gewerbe- und Industrieflächenangebots für Handwerk, Produktion und Industrie in allen Teilen der Stadt zu angemessenen Preisen und
- vorrangige Entfaltung des Einzelhandels in der City, in den Stadtteil- und Quartierzentren und in den Sondergebieten für großflächigen Einzelhandel mit zentrenverträglichen Sortimenten.

Diese Ziele sind nur zu erreichen, wenn die Gewerbe- und Industriegebiete alten Rechts den Vorgaben der Baunutzungsverordnung in der Fassung vom Dezember 1986 angepaßt werden. Großflächige Einzelhandelsbetriebe mit einer Geschoßfläche von mehr als 1.200 m² sind demnach in der Regel nur noch in Kerngebieten oder in eigens für sie ausgewiesenen Sondergebieten zulässig.

Die weitere Entwicklung des großflächigen Einzelhandels wird hierdurch keineswegs ausgeschlossen, sondern auf das Stadtzentrum und außerhalb dessen nur auf städtebaulich und stadtstrukturell verträgliche Standorte umgelenkt. Zu diesem Zweck sollen auf wenige Standorte beschränkt Entwicklungsbereiche für zentrenverträgliche großflächige Einzelhandelseinrichtungen und Fachmärkte ausgewiesen werden. In diesen sogenannten "Sondergebieten Handel" ist dann eine auf die Zentrenverträglichkeit abgestimmte Sortimentsgestaltung möglich.

Als zentrenverträglich gelten Fachmärkte, die sperrige Güter verkaufen oder produktbedingt große Ausstellungsflächen benötigen, wie etwa Möbel-, Bau- oder Gartenmärkte. Als zentrenschädlich gelten dagegen Verbrauchermärkte oder die Häufung mehrerer rechtlich selbständiger Einzelhandelsbetriebe (Shop-in-Shop-System) oder Fachmärkte, die zusammen betrachtet dem Charakter eines Verbrauchermarktes sehr nahe kommen.

Neben der Problematik des großflächigen Einzelhandels entwickeln sich auch Betriebsgrößen unterhalb 1.200 m² Geschoßfläche in den normalen Gewerbe- und Industriegebieten mit allen negativen Folgewirkungen auf die städtische Zentrenstruktur. Wohnungsferne Häufungen derartiger kleinerer bis mittelgroßer Märkte in Gewerbegebieten, z.B. ein Fachmarkt für Elektronik, Lampen und/oder Spielwaren in der vorgenannten Größenordnung im Umfeld eines Lebensmitteldiscounters, womöglich noch angereichert um einen kleinen Schuhmarkt, haben zur Folge, daß zu Lasten der gewachsenen und funktionierenden örtlichen Versorgungszentren in der Umgebung nach und nach Kaufkraftströme in z.T. erheblichem Umfang abgesogen werden. Hierbei ist außerdem zu bedenken, daß dieser Einzelhandel vom Flächenbedarf her zwar in Gewerbegebiete passen mag, daß umgekehrt aber die verdrängte gewerbliche Nutzung nicht in die möglicherweise brachfallenden Einzelhandelsflächen in den Stadtteil- und Quartierszentren paßt.

Um auch diese Entwicklung im Sinne der städtebaulichen Ordnung steuernd begleiten zu können, sind entsprechende bauleitplanerische Konsequenzen zu ziehen und in die Fortschreibung des Zielkonzepts Wirtschaftsförderung einzuarbeiten. Es handelt sich hier vor allem um bedarfs- und fallbezogene Änderungen von Bebauungsplänen in den für Einzelhandelsbetriebe dieser Größenordnung attraktiven Gewerbe- und Industriegebieten.

Der Rat der Stadt Braunschweig hat daher am 11.7.1989 beschlossen, das Zielkonzept Wirtschaftsförderung aus dem Jahre 1985 für den Teilbereich Einzelhandel unter Beachtung der o. a. Ziele fortzuschreiben. Diesen Zielvorgaben folgend, sind:

- die nach altem Baurecht (vor 1977) ausgewiesenen Gewerbe- und Industriegebiete auf den Stand der Baunutzungsverordnung von 1986 zu bringen (großflächiger Einzelhandel mit einer Geschoßfläche von mehr als 1.200 m² ist in der Regel nur in Kern- und Sondergebieten zulässig),
- Ansiedlungen von Einzelhandelsbetrieben auch unterhalb der Größenordnung von 1.200 m² Geschoßfläche in Gewerbe- und Industriegebieten nur zuzulassen, wenn die wohnungsnahe Versorgung in den Siedlungsbereichen bzw. die Funktion der Stadtteilzentren nicht beeinträchtigt werden, und
- auf wenige Standorte beschränkt Entwicklungsbereiche für zentrenverträgliche, großflächige Einzelhandelseinrichtungen und Fachmärkte auszuweisen ("SO-Handel"-Ge-

biete), die u.a. geeignet sind, die oberzentrale Funktion Braunschweigs zu stärken. Entsprechende Aufstellungsbeschlüsse sind herbeizuführen.

Mit diesem Grundsatzbeschluß wurde eine einheitliche und für Investoren nachvollziehbare Entscheidungsgrundlage geschaffen.

Die Verwaltung hat daraufhin in Zusammenarbeit mit dem Braunschweiger Einzelhandelsverband, dem Arbeitsausschuß Innenstadt und der IHK Braunschweig die vorliegende Version der Fortschreibung zur weiteren Entwicklung des Einzelhandels in Braunschweig erarbeitet. Dabei galt es, die berechtigten Belange des etablierten Handels, die Belange des Verbrauchers, die Zentrenstruktur und die markt- bzw. betriebswirtschaftlichen Veränderungsprozesse des Einzelhandels zu berücksichtigen. Allein die starre Festschreibung vorhandener Einkaufszentren würde der weiteren Entwicklung des Handels schweren Schaden zufügen und damit den Standort Braunschweig insgesamt gefährden. Andererseits würde eine zu liberale Genehmigungspraxis unter Inkaufnahme eines ungehemmten Verdrängungswettbewerbs die Versorgungsstrukturen der Stadt und des Umlandes in einer Weise verändern, die die Verödung der Innenstadt und einiger Nebenzentren zwangsläufig zur Folge hätte. Mit dem Zentrenkonzept soll zwischen diesen beiden Extrempositionen ein für die Stadt, für den Handel, für den Verbraucher und für die Region sinnvoller Weg beschritten werden. Die insgesamt vielleicht restriktiv erscheinende Handhabungsweise der Einzelhandelsproblematik ist lediglich eine Umsetzung der rechtlichen Vorgaben des Gesetzgebers. Sie steht in vollem Einklang mit dem Vorgehen vieler Städte, die sich in einer vergleichbaren Situation befinden.

2. Die Einzelhandelsentwicklung seit Mitte der 80er Jahre

2.1 Allgemeine Problemdarstellung

Bis in die Mitte der 80er Jahre hat die außerordentliche Expansion der SB-Warenhäuser und großen Verbrauchermärkte nicht nur die Einzelhandelsentwicklung nachhaltig beeinflußt, sondern vor allem auch die gewachsene Zentrenstruktur und damit die Nahversorgung insbesondere der Grund- und Nebenzentren in den Städten und auf dem Lande erheblich gefährdet und in Einzelfällen auch zerstört. Mittlerweile hat der Konzentrationsprozeß des Handels und der Drang zum großflächigen Angebot praktisch alle übrigen Warenangebote erfaßt. Der Schuhmarkt auf der "grünen Wiese" ist keine Utopie mehr, sondern Wirklichkeit im Umfeld deutscher Großstädte. Auch Möbelhäuser und Möbelmärkte haben zusehends ihr Angebot erweitert und stellen sich heute als vollwertige Einrichtungshäuser mit einem sehr breiten Randsortiment außerhalb der Innenstädte dar.

Anläßlich eines "Möbel-Hearings" im Januar 1988, das sich sowohl mit der generellen Entwicklung des Möbeleinzelhandels wie auch der speziellen Entwicklung im Raum Braunschweig auseinandersetzte, wurde der Drang des Handels zur Flächenexpansion letztlich als betriebswirtschaftliche Notwendigkeit in Anpassung an die Kundenwünsche nachgewiesen. Gleichzeitig konnte herausgestellt werden, wie sehr besonders große Möbelhäuser, wie etwa Möbel-Kraft in Bad Segeberg, zu einem regelrechten "Möbeltourismus" führen. Großbetriebe dieser Art machen Lage und sind letztlich marktbeherrschend. Will ein Oberzentrum in Anbetracht dieser Entwicklung sich zukünftig auch weiterhin als qualifizierter Einzelhandelsstandort behaupten, so sind zwangsläufig dem jeweiligen Facheinzelhandel geeignete Entwicklungsmöglichkeiten einzuräumen.

Sowohl das GfK-Gutachten aus dem Jahr 1980 als auch die späteren Fortschreibungen des Zielkonzeptes Wirtschaftsförderung gingen prinzipiell davon aus, daß Fachmärkte, die sperrige Güter verkaufen, im weitesten Sinne zentrenunschädlich und im allgemeinen marktverträglich seien. Die Anreicherung von sogenannten Randsortimenten nicht nur in Möbelhäusern, sondern auch in Baumärkten und anderen Fachmärkten führt jedoch dazu, daß zunehmend auch Waren des täglichen Bedarfs und in Einzelfällen sogar schon höherwertige, citytypische Waren angeboten werden.

Fachmärkte suchen möglichst die Nachbarschaft von SB-Märkten und Lebensmittelmärkten jeglicher Größenordnung, um auf diese Weise gegenseitig vom Kundenzulauf zu profitieren. Diese Entwicklung wiederum führt zur Entstehung ungeplanter, funktional nicht eingebundener Einkaufszentren in Streulage, von denen erhebliche Auswirkungen auf die gewachsene Zentrenstruktur der Städte und Gemeinden ausgehen können.

Es muß auch damit gerechnet werden, daß Fachmärkte in weitere Sortimentsbereiche eindringen und wegen ihrer Größe und ihrer Marketingstrategie nicht ausschließlich in vorhandene Marktbereiche integrierbar sind. Je nach Sortiment werden unterschiedlich große Geschäftsflächen benötigt. So ist ein Schuhgeschäft mit Selbstbedienung auf 700 oder 800 m^2 Geschoßfläche ebenso ein Fachmarkt wie ein Möbelmarkt mit 15.000 m^2.

Die Vertriebsform Fachmarkt nutzt konsequent die mit der EDV-kontrollierten Logistik eröffneten Rationalisierungsmöglichkeiten. Es sind daher vorwiegend die bekannten großen, national und international operierenden Handelshäuser und Warenhauskonzerne, die unter neuem Namen in den expandierenden Fachmarktbereich eindringen. Sie bauen hierdurch einerseits Konkurrenz zu ihren traditionellen Kaufhäusern in den Innenstädten auf, andererseits profitieren sie von den in den Außenbereichen zusätzlich erzielbaren Umsätzen und stärken durch dieses zweite Standbein ihre Marktposition insgesamt.

Nicht nur die rationellen Einkaufs- und Vertriebssysteme, sondern auch die im Vergleich zu zentralen Lagen deutlich niedrigeren Grundstückspreise in Gewerbegebieten ermöglichen es den Fachmarktbetreibern, in großen, meist in sehr einfacher Bauweise errichteten Verkaufsstätten ihre Waren zu vergleichsweise niedrigen Preisen anzubieten. Dem kurzfristigen Preisvorteil für die privaten Verbraucher stehen jedoch höhere öffentliche Aufwendungen gegenüber: Flächenverbrauch, Flächenversiegelung, zusätzlicher direkter und indirekter Erschließungsaufwand, Umweltbelastungen unter anderem durch längere Pkw-gebundene Einkaufswege und den einsetzenden Fachmarkttourismus.

Für die Ansiedlung von Fachmärkten werden weitgehend ausgewiesene Gewerbegrundstücke nachgefragt. Wertvolle Gewerbegrundstücke diesen Nutzungen zu überlassen, die bezogen auf die Fläche bekanntlich wenig Dauerarbeitsplätze bieten, wird nicht nur städtebaulich, sondern auch wirtschaftspolitisch angesichts der steigenden Knappheit[1] an Grundstücken für Arbeitsstätten zunehmend problematisch.

Gleichzeitig zeichnet sich der Trend ab, weniger Ware auf mehr Fläche anzubieten. Die Tatsache, daß die Flächenumsätze sinken, d.h. für gleiche oder nur noch geringfügig steigende Umsätze sehr viel mehr Fläche in Anspruch genommen wird, macht die Fachmarktentwicklung zu einer wesentlichen Steuerungsaufgabe für die gesamtstädtische Flächendisposition.

Der übrige Einzelhandel sucht sich ebenfalls, unter anderem wegen der vergleichsweise niedrigen Bodenpreise, Grundstücke in attraktiver Lage der Gewerbe- und Industriegebiete. Aufgrund der Finanzkraft der Einzelhandelsketten führt dies dort zu erheblichen Grundstückspreissteigerungen, so daß örtliche Gewerbe- und Handwerksbetriebe oft entweder

---

[1] U. a. auch wegen der Zurückhaltung bei der Ausweisung neuer Bauflächen infolge stärkerer Berücksichtigung von Natur- und Umweltschutzbelangen sowie von sparsamem Umgang mit Grund und Boden.

unmittelbar verdrängt oder in ihren Erweiterungsmöglichkeiten eingeschränkt werden. Der Einzelhandel beeinträchtigt in diesen Fällen eine zweckgerechte Entwicklung der ausgewiesenen Gewerbe- und Industriegebiete und unterläuft die langfristigen städtebaulichen und wirtschaftspolitischen Zielsetzungen der öffentlichen Hand.

Die Prognos-AG Basel hat im Jahr 1986 ein Gutachten zur Entwicklung des Einzelhandels in Braunschweig erarbeitet und kommt zu dem Ergebnis, daß im Interesse des Handelsstandortes Braunschweig ein Standortkonzept für die Entwicklung des großflächigen Einzelhandels bzw. des Einzelhandels überhaupt erstellt werden müsse. Verstärkt wird dieser Vorschlag durch das Vorliegen einer größeren Zahl von Anträgen zur Errichtung und Erweiterung von Möbeleinrichtungshäusern außerhalb der Braunschweiger Innenstadt. Obendrein betreiben Nachbargemeinden planerische Vorkehrungen mit dem Ziel, in unmittelbarer Nähe zur Stadtgrenze Braunschweigs Fachmärkte anzusiedeln, und zwar möglichst in Kombination mit mittleren und kleineren Verbrauchermärkten. Derartige extern gelegene, nichtintegrierte Zentren bedürfen zwar grundsätzlich einer Genehmigung durch die Bezirksregierung, aber es hängt von jedem Einzelfall ab, ob die Rechtsinstrumentarien ausreichen, solch eine Neuplanung zugunsten der Versorgungsstrukturen innerhalb und außerhalb der Stadt zu verhindern.

2.2 Zahlen zur Einzelhandelsentwicklung

Trends auf Landesebene

Nach Vorliegen der Handels- und Gaststättenzählung 1985 können im Vergleich zur vorangegangenen Zählung 1979 die Veränderungen im Einzelhandel nach Größe, Struktur und Wirtschaftsgruppen relativ genau beobachtet und bewertet werden. Danach hat sich in der ersten Hälfte der 80er Jahre eine erhebliche Verkaufsflächenausweitung vollzogen. Die größte Entwicklungsdynamik konzentrierte sich auf den Stadtrandbereich und auf die Braunschweig umgebenden Mittelzentren, während die Kernstadt ebenso wie der ländliche Raum eher Tendenzen zur Stagnation erkennen lassen. Dennoch besitzt die Großstadt nach wie vor die Spitzenposition in der Versorgungsqualität und -quantität.

Die Veränderungen im Einzelhandel vollzogen sich keineswegs einheitlich. Vielmehr gibt es auffällige branchenspezifische Unterschiede. Nur beim Einzelhandel mit Einrichtungsgegenständen, pharmazeutischen/medizinischen/kosmetischen Erzeugnissen und sonstigen Waren ist bei allen einbezogenen Merkmalen eine deutliche überdurchschnittliche Expansion zu erkennen, wobei die zuletztgenannte Gruppe vor allem den Einzelhandel mit gemischtem Sortiment umfaßt, wie es für Warenhäuser und Verbrauchermärkte typisch ist. Eine relativ starke Expansion findet auch beim Einzelhandel mit Fahrzeugen und Fahrzeugteilen statt.

Gegenläufig hierzu zeigt sich im Einzelhandel mit Nahrungsmitteln eine Stagnations- und Konzentrationstendenz. Der Umsatz konnte zwar gesteigert werden, doch nahm die Zahl der Beschäftigten und noch deutlicher die der Arbeitsstätten ab. Daran dürften sich einerseits die Schließung weiterer Kleinbetriebe (Tante-Emma-Läden) und andererseits der höhere Personalwirkungsgrad in größeren Lebensmittelmärkten manifestieren. Eine teilweise ähnliche Entwicklung vollzieht sich auch im Einzelhandel mit Textilien. Die fortgesetzten Rationalisierungsbemühungen sind zwar unverkennbar, aber der Rückgang der Arbeitsstätten ist vergleichsweise gering, was auf die zunehmende Bedeutung von Kleinbetrieben (Boutiquen usw.) hinweist.

Insgesamt scheint sich die Beobachtung zu bestätigen, daß im Einzelhandel mit Standard- und Massenprodukten (z.B. Nahrungsmittel) die Tendenz zur betrieblichen Konzentration ungebrochen ist, während sich in manchen Marktnischen verstärkt Kleinbetriebe etabliert haben. Dieser Entwicklungstrend ist in der Braunschweiger Innenstadt nach wie vor deutlich zu sehen.

Die stärkste Entwicklungsdynamik zeigte sich landesweit im betrachteten Zeitraum (1979 bis 1985) bei den SB-Warenhäusern und Verbrauchermärkten, die von einem nur geringen Bestand im Jahr 1979 ausgehend mittlerweile die Betriebszahlen der konventionellen Waren- und Kaufhäuser übertroffen haben, obwohl auch diese noch expandierten. Eine recht starke Expansion ist auch bei den Supermärkten zu verzeichnen, deren Umsatz 1984 den der übrigen Nahrungs- und Genußmittelgeschäfte überrunden konnte. Sie werden damit immer mehr zur Standarderscheinungsform im Einzelhandel mit Nahrungsmitteln. Die schon angesprochenen übrigen Nahrungs- und Genußmittelgeschäfte sind in diesem Zeitraum um ca. 21 % zurückgegangen (Landesdurchschnitt). Damit zeichnet sich auch hier der Niedergang der kleineren Lebensmittelgeschäfte deutlich ab. Eindeutige Zuwächse sind beim restlichen stationären Einzelhandel (z.B. Kioske, Tankstellen, Handel vom Lager usw.) erkennbar.

Stadt Braunschweig

Aus Gründen der statistischen Geheimhaltung konnte eine Auswertung der Handels- und Gaststättenzählung 1985 nicht nach den für Braunschweig üblichen statistischen Bezirken vorgenommen werden, sondern es waren vielmehr 13 stadtstrukturelle Bereiche zu definieren. Bei der vorliegenden Auflistung wurden lediglich die Ladengeschäfte, so auch Ausstellungsräume und Verbrauchermärkte berücksichtigt, da nur für die Ladengeschäfte Vergleichszahlen aus dem Jahr 1979 vorlagen. Nicht berücksichtigt sind in der Auflistung der Markt- und Straßenhandel, der Versandhandel, Kioske und feste Straßenverkaufsstände, der Handel vom Lagerplatz, freie Tankstellen, Agenturtankstellen und sonstige Betriebsformen, z.B. der Automatenverkauf.

Unter dieser einschränkenden Darstellung ergeben sich in der Zeit von 1978/79 bis 1984/85 folgende wesentliche Veränderungsgrößen für Braunschweig:

Im Vergleichszeitraum ist die Zahl der Ladengeschäfte um 88 auf 1.306 Einheiten gesunken. Durch diesen generellen Rückgang von Arbeitsstätten und die Rationalisierungsbemühungen des Handels sank die Zahl der Beschäftigten um 1.479 auf 11.969 Personen (-11 %), wobei die größten Verluste im Bereich 1 "Innenstadt" und im Bereich 2 "Verbrauchermärkte und SB-Zentren" zu beklagen sind. Die Umsätze stiegen in Braunschweig geringfügig von 2,02 Mrd. DM auf 2,39 Mrd. DM, preisbereinigt sind jedoch reale Umsatzeinbußen von 5,9 % in der ersten Hälfte der 80er Jahre zu beobachten.

Am stärksten sind von den realen Umsatzeinbußen die Braunschweiger Innenstadt und fast alle Stadtrandbereiche betroffen. Auch im Bereich 2, in dem sich große Verbrauchermärkte und SB-Zentren befinden, waren reale Umsatzeinbußen zu verzeichnen, jedoch ist hierbei zu bedenken, daß hier nicht nur die Verbrauchermärkte und SB-Zentren selbst statistisch berücksichtigt sind, sondern alle Ladengeschäfte. In diesem Bereich gab es in der ersten Hälfte der 80er Jahre auch eine Reihe von Ladenschließungen.

Im Bereich 2 "Verbrauchermärkte und SB-Zentren" nahm die Zahl der Ladengeschäfte mit 65 Einheiten mit Abstand am stärksten ab. Diese Abnahme entspricht 73,9 % aller Verluste an Ladengeschäften in Braunschweig zwischen 1979 und 1985! Bei den Verlusten an Ladengeschäften im Bereich 2 handelt es sich nicht nur um kleinere Geschäftseinheiten, sondern vereinzelt auch um großflächige Einzelhandelsbetriebe.

Der Konzentrationsprozeß im Einzelhandel hält unvermindert an. Er führt vor allem in der Nähe von Verbrauchermärkten und größeren SB-Märkten zu erheblichen Verdrängungseffekten. So ist z.B. nach der Ansiedlung eines großen Verbrauchermarktes im Osten der Stadt zwischen 1979 und 1985 in den Stadtteilen am östlichen Stadtrand eine Verkaufsflächenreduzierung von 40 % (insgesamt -6.000 m^2) eingetreten. Im gleichen Zeitraum wurde die Zahl der Beschäftigten um die Hälfte (insgesamt -222 Beschäftigte) reduziert. Die negativen Folgewirkungen dieser Entwicklung sind nicht nur auf dem Arbeitsmarkt, sondern verstärkt auch im Ausbildungsbereich spürbar.

Der Abnahme der Beschäftigten im Einzelhandel steht jedoch gleichzeitig eine beträchtliche Verkaufsflächenzunahme gegenüber. In den vergangenen drei Jahren stieg die Verkaufsfläche außerhalb der Braunschweiger Innenstadt um ca. 50.000 m^2 auf 850.000 m^2 an (+6,2 %). Die vielen vorliegenden Anfragen und Bauanträge (mehr als 60.000 m^2) sind eher ein Anzeichen für eine Beschleunigung der Verkaufsflächenzuwächse als für eine Beruhigung der Entwicklung.

Region Braunschweig

Die Auswertung der Handels- und Gaststättenzählung zeigt, daß die Oberzentren nach wie vor gerade durch die großflächigen Einzelhandelsangebote einen erheblichen Bedeutungsüberschuß für die gesamte Region haben. Geht man daher mit den großflächigen Einzelhandelsbetrieben zu restriktiv um, so verliert ein solches Zentrum zwangsläufig an Kaufkraftzuflüssen aus dem Umland, weil dann die Kaufkraftströme mehr in die umgebenden Mittelzentren oder in Stadtrandlagen außerhalb der Gemeinde gelenkt werden.

Abbildung 1:   Einzelhandelsumsätze in der Region Braunschweig 1978 und 1984*

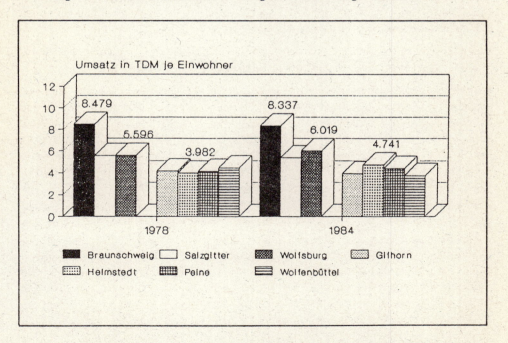

* Quelle: Niedersächsisches Landesverwaltungsamt und Zusammenstellung der Stadt Braunschweig.

Während beispielsweise in Wolfsburg der Umsatz je Einwohner im Einzelhandel zwischen 1978 und 1984 von 5.596 DM auf 6.019 DM preisbereinigt zunahm, mußte in Braunschweig ein leichter Rückgang von 8.479 DM auf 8.337 DM hingenommen werden. Im

Salzgitter-Gebiet ist eine leichte Zunahme festzustellen. In den Braunschweig umgebenden Landkreisen gibt es höchst unterschiedliche Entwicklungen: Umsatzeinbußen hatten die Landkreise Gifhorn und Wolfenbüttel zu verzeichnen, während die Landkreise Helmstedt und Peine mit deutlichen Zuwächsen aufwarten. Die Zuwächse in Wolfsburg sind auf den damaligen Ausbau der Wolfsburger Innenstadt zurückzuführen, während die Zuwächse im Landkreis Helmstedt unter anderem auf den Bau eines großen Verbrauchermarktzentrums im Südosten Wolfsburgs zurückzuführen sind. Der Zuwachs im Landkreis Peine ist mit dem Ausbau der Peiner Innenstadt und mit dem Bau des großen Einkaufszentrums in Gadenstedt zu begründen.

Der Landkreis Gifhorn hat zweifelsfrei Kaufkraft an Wolfsburg und an die Verbrauchermärkte und Fachmärkte in Braunschweig verloren, eine Feststellung, die auch durch das Prognos-Gutachten bestätigt wird. Die starken Umsatzverluste pro Einwohner im Landkreis Wolfenbüttel haben die von Süden gut erschlossenen Verbrauchermärkte in Stöckheim und an der Frankfurter Straße verursacht. Die Umsatzrückgänge in Braunschweig sind daher vor allem auf die Verluste in der Innenstadt in der ersten Hälfte der 80er Jahre zurückzuführen. Die großen Verbrauchermarkt- und Fachmarktzentren Braunschweigs waren und sind in der Lage, Kaufkraft auch aus dem Umland zu binden; ohne deren Existenz in Braunschweig wären noch größere Umsatzverluste eingetreten!

Der Handelsplatz Braunschweig ist nur zu stärken bzw. zu halten, wenn zum einen in der Innenstadt ein hochqualifiziertes, breitgefächertes und interessant dargebotenes Angebot unterbreitet wird und wenn zum anderen zur Abschöpfung der Massenkaufkraft auch aus dem Umland entsprechende Fachmarktzentren vorhanden sind. Die oben aufgeführten Zahlen sprechen für sich, es besteht offensichtlich ein erheblicher Handlungsbedarf.

3. Leitlinien für die Einzelhandelsentwicklung

3.1 Städtebauliche und wirtschaftspolitische Zielsetzungen

Die städtebaulich-funktionale Gliederung des Stadtgebietes darf durch die dynamische Entwicklung des großflächigen (über 1.200 m^2 GF) und des "kleineren" (unter 1.200 m^2 GF) Einzelhandels nicht in Frage gestellt werden. Weder die zufällige Agglomeration von großflächigen Einzelhandelsbetrieben noch der Ausbau und die Errichtung von Handelsbetrieben in Gewerbegebieten oder an verkehrlich und funktional schlecht eingebundenen Standorten können künftig zugelassen werden, weil andere, raumbeanspruchende Nutzungen in ihrer Entwicklung behindert würden und weil generell die Zentrenstruktur und das jeweilige Erschließungssystem, mit teuren öffentlichen Mitteln errichtet, empfindlich gestört würden.

Für die künftige Entwicklung Braunschweigs ist die räumliche Verteilung von großflächigen und "kleineren" Einzelhandelsbetrieben gleichermaßen von Bedeutung. Die "kleineren", stärker nach innen gerichteten Einzelhandelsprojekte erfordern aus städtebaulichen und wirtschaftspolitischen Gründen eine ebenso große Aufmerksamkeit wie solche Projekte, die wegen ihrer Größe mehr auf Außenwirkung angewiesen sind. Während auf der einen Seite die Attraktivität und Angebotsvielfalt der City zu stärken ist, gilt es auf der anderen Seite in allen Teilen der Stadt die Nahversorgung der Bevölkerung mit Gütern des täglichen Bedarfs zu gewährleisten und gleichzeitig ein ausreichendes Gewerbe- und Industrieflächenangebot zu angemessenen Preisen zu sichern.

Großflächige Einzelhandelseinrichtungen haben in der Vergangenheit aufgrund der baurechtlichen Verhältnisse über das gesamte Stadtgebiet verstreut Gewerbegebiete teilweise oder ganz für sich in Anspruch nehmen können. Durch eine aggressive Bodenpreispolitik gelang es ihnen sehr leicht, gewerbliche Nutzungen aus den eigens für sie vorgesehenen Gebieten zu verdrängen. Für örtliche Gewerbe- und Handwerksbetriebe wertvolle, relativ gut erschlossene innerstädtische Gewerbeflächen wurden knapp. Um Flächenengpässe zu vermeiden und um dem verarbeitenden und produzierenden Gewerbe ausreichend Entwicklungsspielräume zu gewähren, müssen zum Ausgleich am Rande der Stadt mit viel Aufwand neue Gewerbegebiete erschlossen werden. Ziel der neuen Einzelhandelspolitik der Stadt ist es daher, künftig diesen folgenreichen Verdrängungsprozeß bereits in seinen Ansätzen möglichst zu vermeiden.

Auf der Suche nach neuen Standorten für die weitere Entwicklung des großflächigen Einzelhandels in Braunschweig sind vorhandene bzw. im Ausbau befindliche oder geplante Erschließungssysteme von zentraler Bedeutung. Es ist weniger eine reine Unterbringungsfrage, sondern vielmehr eine Frage der Kapazität des Erschließungssystems.

Künftig soll sich der großflächige Einzelhandel außer in der Innenstadt nur noch an einigen wenigen räumlich und funktional eingebundenen Standorten konzentrieren und vom städtebaulichen Erscheinungsbild her einfügen. Die Handelseinrichtungen sollen dort eine "Adresse" darstellen und die oberzentrale Funktion Braunschweigs stärken helfen, ohne die Bedeutung und Leistungsfähigkeit der City nachhaltig zu beeinträchtigen. Die Attraktivität eines Standortes für den Handel hängt auch davon ab, wie sich die städtebauliche Umgebung darstellt. Großflächige Einzelhandelsbetriebe entfalten wegen ihrer speziellen Ausprägung eine erhebliche städtebauliche Wirkung, ihrem Einfügen - auch in gestalterischer Hinsicht - muß daher besondere Beachtung gewidmet werden.

Damit die Anziehungskraft der großflächigen Einzelhandelsstandorte nicht etwa zu einem Ungleichgewicht der Einzelhandelsversorgung im Stadtgebiet führt, soll deren Warenangebot auf Sortimente beschränkt werden, die die Funktionsfähigkeit der City und vor allem der Stadtteilzentren nicht beeinträchtigen.

Der "kleinere" Einzelhandel hat sich in der jüngsten Vergangenheit zunehmend in Gewerbegebieten niedergelassen, die oft nicht "in", sondern "zwischen" örtlichen Versorgungszentren liegen. Auch der kleinere Einzelhandel hat so zu bodenpolitischen Spannungen in Gewerbegebieten und den oben skizzierten Folgewirkungen beigetragen. Das besondere städtebauliche Problem liegt hier in der Vielzahl der Fälle und der Vielzahl der betroffenen bzw. potentiell gefährdeten örtlichen Versorgungszentren.

"Kleinere" Einzelhandelseinrichtungen sollen künftig verstärkt inmitten oder am Rande der örtlichen Versorgungszentren der Stadt untergebracht werden, einerseits um vor Ort eine ausreichende wohnungsnahe Versorgung aller Altersgruppen zu gewährleisten und (Pkw-) verkehrserzeugende Einkaufsfahrten zu minimieren und andererseits um die funktionierenden traditionellen Einkaufsbereiche zu stabilisieren.

Die Stabilisierung der örtlichen Versorgungszentren durch Angebotsanreicherung bzw. -vervollständigung ist zugleich ein Instrument zur Entlastung der großen Einzelhandelsballungen außerhalb der City und zur gleichmäßigeren Auslastung der städtischen Verkehrsinfrastruktur. Diese Vorgehensweise fügt sich ein in die unter anderem auch im Konzept "Flächenvorsorge Wohnen 1989" zum Ausdruck kommende Strategie der Stadt, die verschiedenen Angebote und Lasten nach Möglichkeit gleichmäßig auf alle Stadtgebiete zu verteilen.

Die handelsmäßige Funktionsvielfalt der Braunschweiger Innenstadt und der Stadtteilzentren darf durch die Ansiedlung oder Erweiterung von großflächigen und/oder "kleineren" Einzelhandelseinrichtungen nicht gefährdet werden. Das vorliegende Konzept soll daher die Grundlage sein, um eine zweckmäßige Arbeitsteilung bei der Versorgung der Stadtquartiere mit Einzelhandelsgütern zu erreichen. Bestimmte Warengruppen können hierbei der Innenstadt sowie den gewachsenen Nahversorgungs- und Stadtteilzentren vorbehalten bleiben, während andere, vor allem großflächig darzubietende, sperrige Warengruppen des seltenen Bedarfs vorwiegend in den großflächigen Einzelhandelszentren angeboten werden können.

3.2 Städtebauliche Steuerungsmöglichkeiten

Auf der Grundlage der 3. Fortschreibung des Zielkonzeptes Wirtschaftsförderung aus dem Jahre 1985 hat die Stadt versucht, durch Anpassung an die jeweilige Situation den Bedürfnissen der Handelsentwicklung in Braunschweig gerecht zu werden. Diese Verfahrensweise zeichnete sich durch eine hohe Flexibilität aus, berücksichtigte jeweils aktuelle Strömungen, war je nach Investor sehr individuell und weitgehend standortgebunden.

Die Folgen dieser Verfahrensweise sind beispielsweise diverse im Stadtgebiet befindliche sowohl großflächige als auch "kleinere" Einzelhandelseinrichtungen an räumlich-funktional schlecht eingebundenen Standorten. Ergänzt durch in der Nachbarschaft befindliche Betriebe (Kfz-Handel etc.) konnten - planerisch oft ungewollt - neue Einzelhandelszentren entstehen, die den Anforderungen an eine geordnete städtebauliche Entwicklung und den funktionalen Ansprüchen nicht genügen.

Diese mehr oder weniger aus den Zufälligkeiten des Immobilienmarktes entstandenen, städtebaulich und funktional nicht eingebundenen, meist auch keiner Sortimentsbeschränkung unterliegenden Einkaufszentren wirken sich insbesondere auf die in der Umgebung gelegenen, die wohnungsnahe Versorgung gewährleistenden Quartierszentren nachteilig aus.

Die Erfahrung in anderen Städten hat gezeigt, daß durch Schaffung neuer Einzelhandelsflächen beispielsweise an den Schnittstellen zweier Nahversorgungsbereiche kaum eine wesentlich erhöhte Bindung der örtlich vorhandenen Kaufkraft erreicht wird. Statt dessen ist damit fast immer ein weiteres Absinken der Kapazitätsauslastung verbunden, folglich auch der Rentabilität der Läden in den wohnungsnahen Quartierszentren verbunden. Da die Rentabilität von Einzelhandelsbetrieben mit Nahversorgungsfunktion bereits ohnehin relativ gering ist, hat eine weitere Schwächung der Rentabilität häufig die Betriebsaufgabe zur Folge. Im Ergebnis führt so die Schaffung zusätzlicher Einzelhandelsflächen außerhalb von Nahversorgungszentren zur Vernichtung von Geschäftsflächen innerhalb dieser Zentren, wodurch letztlich nicht nur keine Verbesserung des alten Zustandes, sondern vielmehr eine empfindliche Verschlechterung der Nahversorgung der Bevölkerung und letztlich eine funktionale und städtebauliche Erosion intakter Quartierszentren ausgelöst wird.

Großflächige Einzelhandelsangebote werden, wenn sie isoliert über das ganze Stadtgebiet verstreut sind, für den Kunden unüberschaubar, und mangels Vergleichsmöglichkeiten kommt es zu einer generellen Angebotsverflachung (was auf den ersten Blick der City zugute kommt). Andererseits haben solche schlecht eingebundenen großflächigen Einzelhandelseinrichtungen nur eine geringe regionale Ausstrahlung und vermindern dann im ganzen die Attraktivität des Einzelhandelsstandortes Braunschweig.

Da in der Vergangenheit manchmal Investoren durch Veränderungssperren oder durch ein langwieriges Bauleitplanverfahren an einer Realisierung ihrer Vorhaben gehindert wurden, entstand zu Unrecht der Verdacht eines von der Gemeinde betriebenen Konkurrenzschutzes. Um diesen Verdacht auszuschalten und Gleichbehandlung in der Abwägung zu belegen, wird verschiedentlich von den Verwaltungsgerichten ein nachvollziehbares und vom Rat beschlossenes Konzept verlangt.

Auf der Grundlage des Städtebaurechts ist die Steuerung der Einzelhandelsentwicklung einer Stadt im begrenzten Umfang möglich. Durch Aufstellung eines städtebaulich begründeten Standortkonzeptes, welches mit Hilfe der Bauleitplanung in geltendes Ortsrecht umzusetzen ist, kann die räumliche Verteilung von Einzelhandelsnutzungen gesteuert werden. Daneben kann auch die Ansiedlung bestimmter Arten von Einzelhandelsnutzungen in bestimmten Baugebieten ausgeschlossen bzw. in bestimmte Baugebiete gelenkt werden. Die Ansiedlung und Entfaltung einzelner Nutzungsarten kann jedoch nicht im gesamten Stadtgebiet verhindert werden. Wenn einzelne Nutzungen in bestimmten Baugebieten ausgeschlossen werden sollen, sind dieser Nutzung im Gegenzug an anderer Stelle geeignete Entwicklungsmöglichkeiten einzuräumen. Angesichts des bestehenden Handlungsdrucks soll nach diesem Prinzip die räumliche Entwicklung des Einzelhandels in Braunschweig steuernd begleitet werden.

In den beiden folgenden Kapiteln werden daher vorhandene und potentielle großflächige Einzelhandelsstandorte in Braunschweig untersucht und im Hinblick auf ihre Entwicklungsfähigkeit bewertet. Anschließend werden die für eine zentrenverträgliche Sortimentsgestaltung zu berücksichtigenden Gesichtspunkte erläutert.

4. Analyse vorhandener und künftiger Standorte zur Entwicklung des großflächigen Einzelhandels

Die Standortanalyse basiert auf einer Untersuchung des großflächigen Einzelhandels in Braunschweig. Unter den außerhalb der Innenstadt ansässigen großflächigen Einzelhandelseinrichtungen (siehe Karte 1) wurde zunächst eine Vorauswahl getroffen. Danach wurden jene Objekte und Standorte in der Untersuchung nicht weiter verfolgt, bei denen eine weitere Ausdehnung aufgrund der

- konkreten Grundstückssituation (keine Flächenreserve, schutzbedürftige Nutzung in der Umgebung usw.),
- Erschließungsengpässe (fehlende Parkmöglichkeit, den allgemeinen Verkehrsfluß beeinträchtigender Anschluß an das öffentliche Straßennetz usw.) oder
- anderer städtebaulicher Restriktionen

insgesamt nicht möglich bzw. planerisch nicht sinnvoll ist. Hierbei wurde insbesondere auch auf die Sicherung der wohnungsnahen Versorgungsstrukturen und die geordnete städtebauliche Entwicklung geachtet.

Bei der Standortanalyse galt es, eine wichtige, städtebaulich begründete Zielvorgabe zu berücksichtigen, die besagte, zukünftig großflächige Einzelhandelseinrichtungen in erster Linie dort anzusiedeln, wo sich derartige Einrichtungen bereits niedergelassen haben und der Standort räumlich und funktional verträglich ist. Diese Gesichtspunkte hatten daher bei der Bewertung der verbleibenden und möglichen neuen Standorte hinsichtlich ihrer Eignung für die Ansiedlung zusätzlicher großflächiger Einzelhandelsbetriebe besonderes Gewicht.

Nachstehende Faktoren waren in der Standortbewertung ebenfalls von Belang:

- vorhandene, bereits erschlossene Flächenreserven,
- städtebauliche Verträglichkeit,
- verkehrsgünstige Lage,
- Größe und Erschließbarkeit des künftigen Erweiterungsgeländes,
- möglichst geringe öffentliche Vorleistungen,
- Verfügbarkeit der Erweiterungsflächen und
- Umfang der notwendigen planungsrechtlichen Maßnahmen.

Insgesamt wurden elf Standorte näher betrachtet.

5. Zusammenfassende Standortbewertung

Die Analyse und Bewertung der vorhandenen und potentiellen Standorte erfolgte unter der Prämisse, in Braunschweig großflächige Einzelhandelsbetriebe zukünftig an räumlich und funktional verträglichen Standorten anzusiedeln, an denen Einrichtungen dieser Art bereits existieren. Am Ende stellten sich fünf Standorte heraus, die sich für den Ausbau zu Entwicklungsschwerpunkten für den großflächigen Einzelhandel eignen (siehe Karte 2). In zwei der fünf Fälle besteht die Entwicklung in erster Linie nur aus einer Neuordnung der bereits vorhandenen Einzelhandelsnutzungen.

Die ermittelten Standorte unterscheiden sich im wesentlichen durch den Umfang der Maßnahmen, die in die Wege zu leiten sind, um die für eine Weiterentwicklung notwendigen Flächen zur Baureife zu führen. Im Bereich der ehemaligen Kippe Veltenhof (Hansestraße/ A 391) können ohne großen Erschließungsaufwand kurzfristig zusätzliche Flächen für großflächige Einzelhandelsprojekte zur Verfügung gestellt werden, die in den anderen Entwicklungsschwerpunkten nicht oder nicht so rasch realisiert werden können. An den Standorten Wendebrück und Stöckheim ist der Grunderwerb und die Erschließung der Erweiterungsbereiche mit mehr Aufwand und zeitlichem Vorlauf verbunden. Im Unterschied dazu ist für den Ausbau der Standorte Celler Straße und Gliesmarode-Ost eine z.T. grundlegende Neuordnung der zur Verfügung stehenden Flächen erforderlich.

In der "Nebencity" an der Otto-von-Guericke-Straße ist der großflächige Einzelhandel in allen Variationen bis hin zum Verbrauchermarkt vorhanden. Der Bereich ist aus weiten Teilen des Stadtgebietes gut zu erreichen. Die Kapazität des Erschließungssystems ist voll ausgelastet. Durch die räumlich und funktional noch vertretbare Arrondierung im Westen kann dem bestehenden Entwicklungsdruck nachgegeben und der Ausbau dieses Schwerpunktstandortes zum Abschluß gebracht werden.

Im Süden Braunschweigs kann der Standort Stöckheim als Schwerpunkt für zentrenunschädlichen großflächigen Einzelhandel weiterentwickelt werden. Mehrere Einzelhandelsbetriebe haben sich hier bereits etabliert. Sie liegen sehr verkehrsgünstig an der A 395. Am Standort sind noch Flächenreserven in geringem Umfang vorhanden. Nach Norden hin ist ein unmittelbarer Entwicklungsdruck, und die Realisierung des für die Erschließung erforderlichen Schlesiendammes kann voraussichtlich nicht kurzfristig erfolgen.

In Wendebrück ist der großflächige Einzelhandel bereits mit Möbel- und Baumarktangeboten nebst Freizeiteinrichtungen präsent. Der Standort liegt sehr verkehrsgünstig im Norden der Stadt. Diese Situation wird sich noch verbessern, wenn die A 391 über den Kanal hinaus fertiggestellt ist. Durch den starken Expansionsdrang der vorhandenen Bau- und Möbelmärkte ist ein gewisser Entwicklungsdruck in diesem Bereich zu verzeichnen. Derzeit bestehen dort keine nennenswerten Reserven, so daß eine Neuaufschließung des Erweiterungsgeländes erforderlich wird.

Am Standort Celler Straße/Varrenttrappstraße haben sich bereits mehrere großflächige Einzelhandelseinrichtungen angesiedelt. Das Areal liegt relativ verkehrsgünstig an der Autobahnabfahrt Celler Straße. Wenn die z.Z. ungünstig genutzten Flächen neu geordnet sind und die bessere Erschließung zur Celler Straße hin fertiggestellt ist, besteht für den großflächigen Einzelhandel die Möglichkeit, sich in diesem Bereich besser zu präsentieren. Nutzungsänderungen und Erweiterungsanträge sind ein deutlicher Hinweis auf den bestehenden Entwicklungsdruck.

An dem Standort Gliesmarode-Ost ist der großflächige Einzelhandel bereits seit einiger Zeit mit mehreren Betrieben ansässig. Mit Ausnahme des Plaza-Verbrauchermarktes handelt es sich um zentrenverträgliche Unternehmen. Der Standort an der B 248, der Haupteinfallstraße aus Richtung Osten mit Anbindung an die A 2 Hannover-Berlin, liegt relativ verkehrsgünstig. Nach der Neuordnung und Verbesserung der Erschließung des an der Petzvalstraße gelegenen Areals kann dieser Standort in Verbindung mit dem Entwicklungsspielraum auf dem Plaza-Gelände zu einem tragfähigen Schwerpunkt für den großflächigen Einzelhandel ausgebaut werden. Nutzungsänderungs- und Bauanträge deuten auf einen gewissen Entwicklungsdruck an dieser Stelle hin.

Der Standort Hansestraße/A 391 ist wegen der vorhandenen Einrichtungen in der Nachbarschaft faktisch bereits heute ein günstiger Standort für großflächigen Einzelhandel. Er kann jederzeit weiterentwickelt werden, sofern die Grundstücke durch die Stadt oder durch potentielle Investoren vom Bund erworben werden. Entwicklungsdruck ist für dieses Gebiet bereits erkennbar. Die Vorzüge dieses Standortes liegen in der äußerst verkehrsgünstigen Lage, vor allem für überregional orientierte Handelseinrichtungen, der Verfügbarkeit von großen Grundstücken und der Möglichkeit, rasch die notwendigen baurechtlichen Voraussetzungen schaffen zu können.

Mit dem vorhandenen großflächigen Einzelhandelszentrum an der Otto-von-Guericke-Straße, einem kurzfristig und vier mittel- bis langfristig ausbaufähigen Standorten verfügt Braunschweig über ein für die Versorgung der Stadt und der Region angemessenes Netz von Entwicklungsschwerpunkten für den großflächigen, zentrenunschädlichen Einzelhandel.

6. Sortimentsgestaltung großflächiger Einzelhandelsbetriebe an peripheren Standorten

Die von großflächigen Einzelhandelseinrichtungen ausgehenden städtebaulichen und wirtschaftspolitischen Probleme liegen nicht allein in der Größe und der Standortwahl dieser Einrichtungen begründet, sondern auch und gerade in der Zusammenstellung ihrer Warensortimente. Wie oben bereits erläutert, sind sowohl die City als auch die Nebenzentren in ihrer Funktionsfähigkeit gefährdet. Während Verbrauchermärkte in erster Linie ein Gefährdungspotential für örtliche Versorgungszentren darstellen, gehen für die City eher Gefahren von bestimmten Fachmärkten aus.

Aus städtebaulichen Gründen ist es zweckmäßig, sperrige und großflächig darzubietende Waren des seltenen Bedarfs, für die in der City und in den Nahversorgungszentren kein Platz vorhanden oder zu schaffen ist, an Standorten zu konzentrieren, die außerhalb dieser Zentren liegen. Nach jüngsten Untersuchungen in den mit Braunschweig vergleichbaren Städten Münster und Osnabrück kommen verschiedene Gutachter in weitgehender Übereinstimmung zu dem Ergebnis, daß die Gruppen "Bau- und Heimwerkermarkt", "Garten-Center", "Kfz-Bedarf" und "Möbel-Markt" keine wesentlichen Auswirkungen auf gewachsene Zentren befürchten lassen, sofern bei letzterem Randsortimente nicht eine wesentliche Rolle spielen. Bei diesen Warengruppen ist auch eine produktbedingte Notwendigkeit zum Verkauf auf großer Fläche an peripheren Standorten nachvollziehbar. Die Liste der zentrenverträglichen Märkte mit großem Flächenbedarf kann noch um die Gruppen "Wohnwagen- und Campingfahrzeuge" und "großteilige Sportgeräte" (z.B. Boote und Bootsanhänger) ergänzt werden.

Bei allen anderen Warengruppen kann demzufolge eine erhebliche zentrenschädigende Wirkung unterstellt werden. Sie können problemlos in den Zentren untergebracht werden. Sie sollten daher nicht in separaten Standorten für großflächigen Einzelhandel, sondern, je nach Versorgungsfunktion, in der City oder den örtlichen Versorgungszentren angesiedelt werden.

Bei den Warengruppen Bekleidung, Schuhe, Unterhaltungselektronik, Fotoartikel, Spielwaren und Literatur ist anders als bei "Möbeln" keine produktbedingte Notwendigkeit zur Auslagerung aus der City oder den Nebenzentren zu erkennen. Das gleiche trifft für die Warengruppen Lebensmittel, Getränke und Drogerieartikel zu. Deren Auslagerung würde auch der allgemeinen Verpflichtung widersprechen, die wohnungsnahe Versorgung der Bevölkerung mit Gütern des täglichen Bedarfs zu gewährleisten und auszubauen.

Die Randsortimentsgestaltung großflächiger Einzelhandelsbetriebe kann mit städtebaurechtlichen Mitteln nur in begrenztem Rahmen wirksam und nachhaltig beeinflußt werden. Randsortimente sind heute je nach Fachmarktsparte mehr oder weniger üblich. Sie können dem großflächigen Einzelhandel auch zugestanden werden, solange bzw. sofern dadurch keine Gefährdung intakter Zentren zu befürchten ist. Will man aus Gründen der städtebaulichen Ordnung jeweils mehrere großflächige Einzelhandelseinrichtungen an einigen wenigen Schwerpunkten konzentrieren, ohne jedoch die Verkaufsflächen für Randsortimente und die zulässigen Randsortimente eigens zu bestimmen, so ist nicht auszuschließen, daß je nach Umfang und Arrangement der Randsortimentsflächen neben dem eigentlichen zentrenunschädlichen Fachmarkt ein verbrauchermarktähnliches Warenangebot oder eine innenstadttypische Sortimentspalette zusammengestellt werden kann. Dies würde allerdings dem wirtschaftspolitisch und städtebaulich begründeten Ziel der funktionalen Arbeitsteilung zwischen City, örtlichen Versorgungszentren und Standorten mit zentrenunschädlichem großflächigem Einzelhandel widersprechen.

Um der Forderung nach Randsortimenten und der Forderung nach Zentrenverträglichkeit Rechnung zu tragen, ist es erforderlich, einzugrenzen,

- was unter einem bestimmten "Kernsortiment" (z.B. Sportgeräte oder Möbel) jeweils noch als "dazugehöriges Randsortiment" bezeichnet werden kann und
- welche Geschoßfläche bzw. welcher Geschoßflächenanteil für Randsortimente aufgrund der potentiellen Folgewirkungen auf die städtische Zentrenstruktur städtebaulich noch vertretbar erscheint.

Die Zuordnung von Randsortimenten zu einem bestimmten Kernsortiment soll hier nur exemplarisch erfolgen. Unter dem Kernsortiment "Möbel" können Kücheneinbaugeräte, als dem Kernsortiment unmittelbar zugeordnetes Randsortiment bezeichnet werden. Dagegen können (freistehende) Elektrogeräte wie Herde, Gefrierschränke, Nähmaschinen, Waschmaschinen, Trockner etc. nicht mehr unmittelbar dem Oberbegriff "Möbel" zugeordnet werden.

Bei der Bemessung von Flächen für Randsortimente innerhalb eines großflächigen Einzelhandelsbetriebes ist das Kriterium der Großflächigkeit erneut zu berücksichtigen. Da bei Randsortimenten die Präsentationsfläche in der Regel Lager- und Verkaufsfläche zugleich ist, sind in diesem Fall Geschoßfläche und Verkaufsfläche weitgehend identisch. Ein Beispiel: Würden in einem Möbelhaus mit 15.000 bis 20.000 m^2 Geschoßfläche 5 % für Randsortimente reserviert, so würden diese eine Ausdehnung von 750 bis 1.000 m^2 haben. Bei Verkaufsflächen dieser Größenordnung ist nach der Rechtsprechung zu § 11 Abs. 3 BauNVO bereits die Schwelle zur Großflächigkeit überschritten. Genaugenommen könnte so ein in sich eigenständiger großflächiger Fachmarkt unter dem Dach eines 15.000 bis 20.000 m^2 umfassenden großflächigen Fachmarktes entstehen.

Um eine derartige Entwicklung zu vermeiden, bedarf es der Geschoßflächenbegrenzung einer einzelnen Randsortimentswarengruppe. Wird eine Begrenzung auf 2 % der Geschoßfläche vorgenommen, so würde in Fortführung des Beispiels auf eine Randsortimentswarengruppe 300-400 m² Geschoßfläche bzw. Verkaufsfläche entfallen können. Um auch bei sehr flächenextensiven großflächigen Einzelhandelsbetrieben (über 25.000 m² GF) die Randsortimentsflächen nicht die Schwelle zur Großflächigkeit überschreiten zu lassen, sollte in diesen Fällen die maximal zulässige Geschoßfläche für eine einzelne Randsortimentswarengruppe von vornherein begrenzt werden (z.B. auf 500 m²). Nach derzeitigem Kenntnisstand handelt es sich bei diesen 2 % bzw. maximal 500 m² jeweils um eine Größenordnung, die keine wesentlichen Auswirkungen auf die gewachsenen Zentren der Stadt befürchten läßt, auch nicht, wenn sich an einem Standort mehrere großflächige Einzelhandelsbetriebe ansiedeln.

Die Begrenzung der Gesamtflächen für Randsortimente auf 5 % stellt eine Obergrenze dar. Sie sollte aus städtebaulichen Gründen nicht überschritten werden, wie die folgende Beispielrechnung zeigt: Beträgt der maximal zulässige Flächenanteil für Randsortimente beispielsweise 10 %, so überschreiten, im Vergleich zu dem o. a. Beispiel, bereits bei halb so großen großflächigen Einzelhandelseinrichtungen - also bei 7.500 bis 10.000 m² Geschoßfläche - die Randsortimentsflächen die Schwelle zur Großflächigkeit. Übertragen auf einen großflächigen Einzelhandelsschwerpunkt mit 40.000 m² Geschoßfläche werden die Konsequenzen noch deutlicher: Statt auf 2.000 m² - wie bei der 5 %-Variante - könnten auf insgesamt 4.000 m² Randsortimente angeboten werden. Mit 4.000 m² wird jedoch eine Größenordnung erreicht, bei der negative Auswirkung auf die City und die anderen gewachsenen Zentren der Stadt nicht auszuschließen sind.

Im ganzen betrachtet, kann der Forderung nach Randsortimenten und der Forderung nach der Zentrenverträglichkeit von Randsortimenten ausreichend Rechnung getragen werden, wenn die Fläche einer einzelnen Randsortimentswarengruppe 2 % und die Fläche aller Randsortimente insgesamt 5 % der Geschoßfläche des großflächigen Einzelhandelsbetriebes nicht überschreitet. Bei großflächigen Einzelhandelsbetrieben über 25.000 m² Geschoßfläche ist es zur Wahrung der Zentrenverträglichkeit jedoch erforderlich, abweichend von der 2%-Regelung eine Obergrenze von maximal 500 m² Geschoßfläche für eine einzelne Randsortimentswarengruppe festzulegen.

7. Genehmigungsvoraussetzungen für großflächige Einzelhandelseinrichtungen (über 1.200 m² Geschoßfläche)

7.1 Entwicklungsschwerpunkte

In den Entwicklungsschwerpunkten für den großflächigen Einzelhandel (siehe Karte 2) sollen sich Einzelhandelseinrichtungen und Fachmärkte ansiedeln können, die hauptsächlich großflächig darzubietende, sperrige Waren des seltenen Bedarfs anbieten und aufgrund ihrer Sortimentsgestaltung nicht die Entwicklung oder Funktionsfähigkeit der örtlichen Versorgungszentren und der City beeinträchtigen oder gefährden. In den Entwicklungsschwerpunkten können daher folgende, als zentrenunschädlich angesehene Warengruppen (Kernsortimente) angeboten werden:

- Möbel,
- Gartenbedarf,
- Baubedarf,
- Großteilige Sportgeräte (z.B. Boote und Bootsanhänger),
- Wohnwagen/Campingfahrzeuge,
- Kraftfahrzeuge und Zubehör.

Neben dem Kernsortiment können in Ausnahmefällen in eindeutig abgegrenzten Bereichen eines Einzelhandelsbetriebes, die insgesamt nicht mehr als 5 % der Geschoßfläche ausmachen, auch an das Kernsortiment angelehnte sogenannte Randsortimente angeboten werden, wobei auf eine einzelne Randsortimentswarengruppe nicht mehr als 2 % der Geschoßfläche entfallen darf. Diese 2%-Regelung gilt nur für großflächige Einzelhandelsbetriebe bis 25.000 m^2 Geschoßfläche. Bei allen größeren Betrieben dürfen jeweils nur bis zu 500 m^2 Geschoßfläche einer einzelnen Randsortimentswarengruppe vorbehalten sein. Sortimente, bei denen, anders als bei den Randsortimenten, kein unmittelbarer Zusammenhang zum Kernsortiment besteht, gelten als "Fremdsortimente". Diese sind in den Entwicklungsschwerpunkten nicht zulässig. Die rechtsverbindliche Festlegung und Abgrenzung von Kern-, Rand- und Fremdsortimenten bleibt den jeweiligen Bebauungsplanverfahren bzw. dem einzelnen Baugenehmigungsverfahren vorbehalten.

Zu den Warengruppen, die in den Entwicklungsschwerpunkten nicht genehmigungsfähig sind - auch nicht als Randsortiment -, zählen grundsätzlich:

- Lebensmittel und Getränke,
- Spielwaren,
- Literatur,
- Radio- und TV-Geräte, Unterhaltungselektronik, Fotoartikel,
- Bekleidung und Schuhe,
- Drogerieartikel (Körper- und Haushaltspflegemittel).

Da die Entwicklungsschwerpunkte nur zentrenverträglichen, großflächigen Einzelhandelseinrichtungen vorbehalten bleiben sollen, sind SB-Märkte und Verbrauchermärkte grundsätzlich nicht zulässig.

Von diesem Grundsatz des Zentrenkonzeptes kann in einem besonders begründeten Einzelfall abgewichen werden, sofern durch das betreffende Einzelhandelsvorhaben nicht die Angebotsvielfalt und Attraktivität der Innenstadt und vor allem nicht die Funktionsfähigkeit bestehender Nahversorgungszentren beeinträchtigt werden. Es obliegt dem Projektträger, durch anerkannte Gutachter im einzelnen nachzuweisen, daß eine Beeinträchtigung oder gar eine Gefährdung der Zentren nicht zu befürchten ist.

7.2 Standorte außerhalb der Entwicklungsschwerpunkte

Nach der bisherigen Verfahrensweise gemäß Zielkonzept Wirtschaftsförderung 1985 waren Erweiterungen oder Umnutzungen großflächiger Einzelhandelseinrichtungen an vorhandenen Standorten im Regelfall genehmigungsfähig. Wenn jedoch dem großflächigen Einzelhandel einerseits einzelne Entwicklungsschwerpunkte zugewiesen werden, sind andererseits auch Aussagen über die Entwicklung derartiger Einrichtungen zu treffen, die an Standorten außerhalb der dargestellten Schwerpunkte bereits ansässig sind, um auch hier eine geordnete städtebauliche Entwicklung zu gewährleisten.

Wie aus der Standortanalyse (siehe Kapitel 4) hervorgeht, ist eine räumliche Ausdehnung dieser "externen" Standorte und eine wesentliche Erweiterung der dort z.Z. bestehenden Gebäude und Anlagen nicht möglich oder aus städtebaulichen und räumlich-funktionalen Gründen nicht zu vertreten. Entwicklungsmöglichkeiten bestehen lediglich innerhalb des durch die Rechtsprechung eng abgegrenzten Rahmens des Bestandschutzes, der für jeden Einzelfall gesondert zu prüfen ist.

An den "externen" Einzelhandelsstandorten ist daher innerhalb der z.Z. bestehenden Substanz eine Entwicklung (z.B. Nutzungsänderung, marginale Erweiterung, Umstrukturierung oder Sortimentsumstellung) zulässig, sofern

- ausschließlich zentrenverträgliche Warensortimente angeboten werden (vgl. Abschnitt 7.1),
- die großflächige Einzelhandelseinrichtung regional unbedeutsam ist,
- kein Agglomerationsansatz gegeben ist oder gefördert wird und
- die in den umliegenden örtlichen Versorgungszentren bestehende wohnungsnahe Grundversorgung oder deren Verbesserung nicht gefährdet bzw. die Funktionsfähigkeit dieser Zentren nicht beeinträchtigt wird.

8. Handel in Gewerbegebieten

Gemäß den Bestimmungen der Baunutzungsverordnung 1986 sind großflächige Einzelhandelseinrichtungen mit mehr als 1.200 m^2 Geschoßfläche nur noch in Kerngebieten und in eigens für sie ausgewiesenen Sondergebieten zulässig. Eine Ansiedlung derartiger Einrichtungen in Misch-, Gewerbe- oder Industriegebieten ist somit nicht mehr genehmigungsfähig. Dies hat der Rat der Stadt auch in seinem Grundsatzbeschluß vom Juli 1989 zur Fortschreibung des Zielkonzeptes Wirtschaftsförderung 1985, Teilbereich Einzelhandel, bereits deutlich gemacht.

Großhandel bleibt in Gewerbegebieten weiterhin zulässig. Ein "Verkauf ab Lager" an Endverbraucher ist dort allerdings nicht zulässig.

Darüber hinaus sind in Gewerbegebieten im Einzelfall ausnahmsweise auch Verkaufs- und/oder Ausstellungsflächen zulässig, wenn sie in unmittelbarem Zusammenhang mit der am Standort erfolgenden Herstellung oder Weiterverarbeitung von Waren und Gütern stehen und von untergeordneter Größe sind. Die Verkaufs- und/oder Ausstellungsflächen müssen dabei eine mit der gewerblichen Produktion oder Weiterverarbeitung in Zusammenhang stehende bauliche Anlage bilden. Ein reiner Lagerverkauf an Endverbraucher ist auch hier nicht zulässig.

Im Falle von Kfz-Betrieben ist jedoch eine Ausnahme von dieser Regelung vorgesehen. Sie sind in Gewerbegebieten weiterhin zulässig, sofern die Flächen der Reparaturwerkstätten im Vergleich zu den Verkaufs- und/oder Ausstellungsflächen nicht von deutlich untergeordneter Größe sind.

9. Entwicklungsleitlinien für "kleinere" Einzelhandelseinrichtungen (unter 1.200 m^2 Geschoßfläche)

Die städtebauliche Ordnung und die Entwicklungsmöglichkeiten der gewerblichen Wirtschaft werden in allen Teilen der Stadt nicht nur durch relativ wenige großflächige, sondern auch durch eine große Zahl "kleinerer" Einzelhandelseinrichtungen in zum Teil erheblichem Maße beeinflußt. Es ist ein zentrales Anliegen der Stadt, die auf unterschiedlichen Ebenen stattfindenden Entwicklungsprozesse zu strukturieren und sie steuernd zu begleiten. In den einleitenden Kapiteln wurde bereits dargestellt, daß auf Stadtteilebene wie auf gesamtstädtischer Ebene ein Flächenengpaß für kleinteilige Gewerbe- und Handwerksbetriebe zu beklagen ist, der in vielen Fällen durch in Gewerbegebiete eindringende Einzelhandelseinrichtungen unterschiedlicher Größenordnung verursacht oder zumindest beschleunigt wurde. Es ist daher erforderlich - ähnlich wie bei dem großflächigen Einzelhandel -, auch dem stadtteilorientierten, "kleineren" Einzelhandel Bereiche zuzuweisen, in denen er sich ausdehnen und weiterentwickeln kann, um künftig eine zweckgerechte Nutzung der ausgewiesenen Gewerbegebiete zu gewährleisten.

In den Jahren 1986 und 1987 erfolgte eine Erhebung aller Einzelhandelsbetriebe in der Stadt. Hierbei wurde zwischen Betrieben mit vorwiegend örtlicher, d.h. quartiersbezogener Versorgungsfunktion und Betrieben mit quartiersübergreifender, überörtlicher Versorgungsfunktion unterschieden. Auf der Basis dieser Erhebung konnten örtliche Versorgungsbereiche mit den für die Versorgung des jeweiligen Gebietes wichtigen Einzelhandels- und Dienstleistungseinrichtungen bestimmt werden (siehe Anlage, Karte 3). Die in der Karte durch Punkte gekennzeichneten örtlichen Versorgungsbereiche sind in der Realität jedoch unterschiedlich groß und unterschiedlich strukturiert. Die räumliche Abgrenzung jedes einzelnen örtlichen Versorgungsbereiches und mithin die Konkretisierung der unten stehenden Leitlinien soll jedoch nicht auf der Ebene des Zielkonzeptes Wirtschaftsförderung erfolgen, sondern der vorzulegenden "Rahmenplanung Einzelhandel" vorbehalten bleiben.

Für den "kleineren" Einzelhandel sind künftig folgende Entwicklungsleitlinien zu beachten:

- In den örtlichen Versorgungsbereichen (siehe Karte 3) sind alle "kleineren" Einzelhandelseinrichtungen zulässig, insbesondere solche, die der Nahversorgung des jeweiligen Stadtteils bzw. Stadtquartiers mit Gütern des täglichen Bedarfs dienen.
- Alle außerhalb der örtlichen Versorgungsbereiche liegenden Läden genießen Bestandsschutz und können sich im gesetzlich zulässigen Rahmen erweitern.
- Außerhalb der örtlichen Versorgungsbereiche sollen an neuen Einzelhandelseinrichtungen in der Regel nur noch Kioske genehmigt werden.
- In Gewerbegebieten sollen "kleinere" Einzelhandelseinrichtungen, die der wohnungsnahen Versorgung des Siedlungsbereiches dienen, sogenannte "Betriebe der Erstversorgung der Bevölkerung mit Gütern des täglichen Bedarfs[2] (insbesondere der Branchen Lebensmittel, Drogeriewaren, Textilien, Schuh- und Lederwaren), generell nicht mehr genehmigt werden.

Diese insgesamt relativ restriktiv erscheinende künftige Genehmigungspraxis ist aus städtebaulichen wie aus wirtschaftspolitischen Gründen erforderlich, denn durch die Konzentration kleinerer Einzelhandelsbetriebe in örtlichen Versorgungszentren kann deren Funktionsfähigkeit stabilisiert und die wohnungsnahe Versorgung der Bevölkerung gesichert oder gar verbessert werden. Hierdurch werden auch die Voraussetzungen geschaffen, einen Teil des Pkw-gebundenen und quartiersüberschreitenden Einkaufsverkehrs zu reduzieren. Gleichzeitig erhalten kleinere und mittlere Gewerbe- oder Handwerksbetriebe wieder eine reelle Chance, sich in den älteren, stadt(teil)nahen Gewerbegebieten zu angemessenen Konditionen niederzulassen.

10. Schlußbetrachtung

Die Aufstellung eines abgestimmten Standortkonzeptes, das die Entwicklungsschwerpunkte für den großflächigen Einzelhandel mit zentrenunschädlichen Sortimenten festlegt und die hauptsächlich dem "kleineren" Einzelhandel vorbehaltenen örtlichen Versorgungsbereiche in der Stadt darstellt, schafft Klarheit für alle Beteiligten. Es bietet investitionswilligen Ansässigen wie externen Einzelhändlern einen überschaubaren Orientierungsrahmen, garantiert eine insgesamt weitgehend kontrollierbare Entwicklung und schont die knappen Gewerbeflächen.

Das Standortkonzept ermöglicht den zuständigen Stellen, eine aktive Planung und Beratung zu betreiben. Auf dieser Basis läßt sich auch die Zentrenverträglichkeit neuer Projekte leich-

---

[2] Vgl. OVG Münster, Urteil vom 10.11.1988 - 11 a NE 4/87.

ter erreichen. Die weitere Entwicklung des Einzelhandels vollzieht sich im Rahmen einer städtebaulichen Ordnung, und die Nutzung der vorhandenen oder noch im Ausbau befindlichen Infrastruktur kann optimiert werden.

Aus Sicht der Verbraucher wie der Investoren qualifiziert sich ein Standort durch seine Entwicklungsdynamik. Wenn hier in Braunschweig die Bereitschaft dokumentiert wird, zentrenverträgliche großflächige Einzelhandelseinrichtungen grundsätzlich zuzulassen, und parallel dazu versucht wird, die Erreichbarkeit und das Parkraumangebot in der Braunschweiger Innenstadt zu verbessern (Parkleitsystem und Parkraumbewirtschaftung), dann betreiben die Stadt und der Handel eine sinnvolle aktive Zukunftsvorsorge für das Oberzentrum dieser Region. Das Prognos-Gutachten aus dem Jahre 1986 hat bereits auf verschiedene Möglichkeiten in dieser Richtung hingewiesen. Nach Lage der Dinge hat dieses Gutachten in nichts an Aktualität verloren.

Die Schaffung von Entwicklungsschwerpunkten für den großflächigen Einzelhandel ist eine wesentliche Voraussetzung, um in Zukunft eine ausgewogene Arbeitsteilung und mithin eine gegenseitige funktionale Ergänzung von City, örtlichen Versorgungsbereichen und großflächigen Einzelhandelsschwerpunkten zu erreichen. Gleichzeitig kann hierdurch die Flächenexpansion des Einzelhandels in einem vertretbaren Rahmen gehalten und in geordnete Bahnen gelenkt werden.

Mit dem vorliegenden Standortkonzept wird für die nächsten fünf bis zehn Jahre ein Entwicklungsspielraum geschaffen, wie er einerseits vom Einzelhandel benötigt wird und der sich andererseits noch in einem städtebaulich vertretbaren Rahmen hält. In dieser Zeit sollen sowohl die funktionalen Qualitäten der örtlichen Versorgungsbereiche erhalten (oder verbessert) als auch verbraucherfreundliche, leistungsfähige Fachmarktzentren aufgebaut oder weiterentwickelt werden. Das Angebot der Entwicklungsschwerpunkte erscheint als eine geeignete Maßnahme, um aus Sicht des Oberzentrums ungewollte Verbrauchermarkt- und Fachmarktzentren im näheren Umland zu verhindern, die eine erhebliche Gefahr für die Zentren der Stadt und die ländlich strukturierten Nebenzentren der umgebenden Gebietskörperschaften in wirtschaftlicher und städtebaulicher Hinsicht darstellen würden.

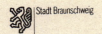 Stadt Braunschweig

ZENTRENKONZEPT
GROSSFLÄCHIGER EINZELHANDEL
(über 1 200 m² GF)

VORHANDENE GROSSFLÄCHIGE
EINZELHANDELSSTANDORTE
(außerhalb der City)

Karte 1

○ Verbrauchermarkt

△ Möbelmarkt

☐ sonstiger Fachmarkt

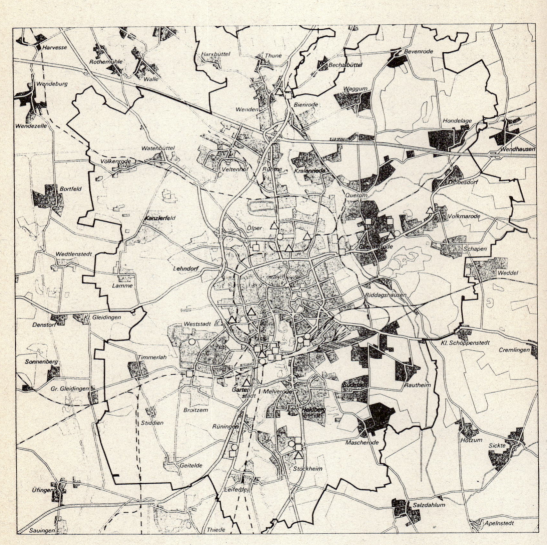

M 1 : 65 000
Stadtplanungsamt 61.11   Stand: 9/1989

Kartographie, Druck:
Stadt Braunschweig, Vermessungsamt

ZENTRENKONZEPT
GROSSFLÄCHIGER EINZELHANDEL
(über 1 200 m² GF)

Karte 2

ENTWICKLUNGSSCHWERPUNKTE
FÜR GROSSFLÄCHIGEN, ZENTREN-
UNSCHÄDLICHEN EINZELHANDEL

vorhandener Schwerpunkt
Otto-von-Guericke-Straße;
Entwicklung mit Arrondierung
im Westen abgeschlossen

vorhandener Schwerpunkt
mit Erweiterungsmöglichkeiten

vorhandener Schwerpunkt
mit begrenzten Erweite-
rungsmöglichkeiten,
Neuordnungsbedarf

zusätzlicher Schwerpunkt
zur weiteren Entwicklung
des großflächigen zentrenunschädlichen Einzelhandels

andere untersuchte Standorte;
städtebaulich problematisch,
keine weitere Entwicklung
(siehe Textbeitrag)

4.1   Standortkennziffer
(siehe Textbeitrag)
hier: Stöckheim

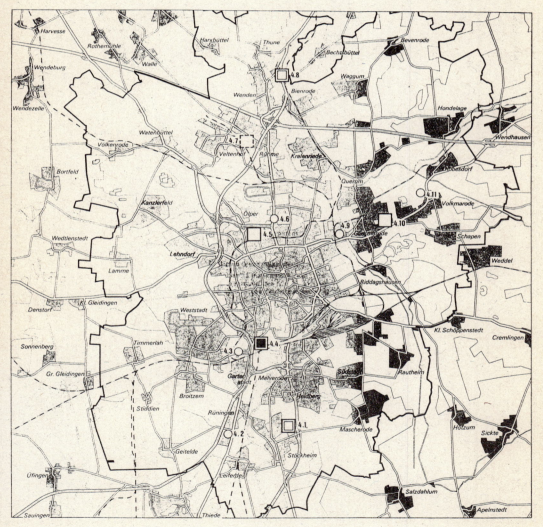

M 1 : 65 000

Stadtplanungsamt 61.11   Stand: 9/1989

Kartographie, Druck:
Stadt Braunschweig, Vermessungsamt

 Stadt Braunschweig

ZENTRENKONZEPT
"KLEINER" EINZELHANDEL
(unter 1 200 m² GF)

Karte 3

ZENTRALE ÖRTLICHE
VERSORGUNGSBEREICHE

 City
(alle Einzelhandelssparten und -größen)

● Örtlicher Versorgungsbereich
("Kleiner" Einzelhandel, insb. zur Nahversorgung des Stadtquartiers mit Gütern des täglichen Bedarfs)

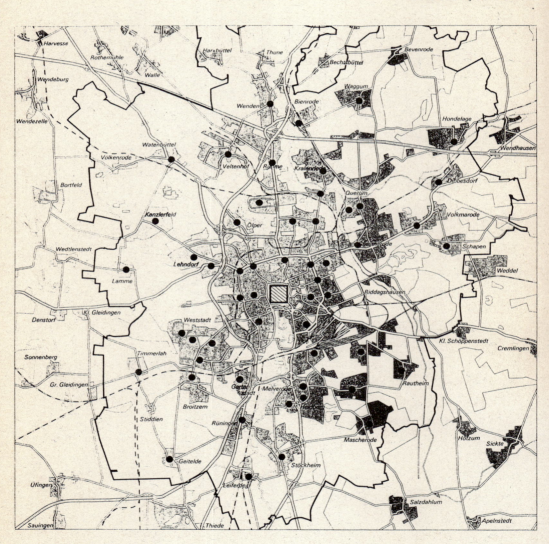

M 1 : 65 00

Stadtplanungsamt 61.11   Stand: 9/1989

Kartographie, Druck:
Stadt Braunschweig, Vermessungsamt

Verzeichnis der Referenten

Dr. Werner Brög
Socialdata, Gesellschaft für Verkehrs- und Infrastrukturforschung GmbH, Berlin

Dr. Helmut Bunge
Geschäftsführer der Forschungsstelle für den Handel, Berlin

Dieter Dellhofen
Gesellschafter der Gesellschaft für Stadtmarketing und Imagepflege mbH (GSI), Köln

Jochen Dieckmann
Beigeordneter des Deutschen Städtetages, Köln

Dr. Hans-Peter Gatzweiler
Leiter der Abteilung "Forschung" der Bundesforschungsanstalt für Landeskunde und Raumordnung (BfLR), Bonn

Ernst Giesen
Beigeordneter, Nordrhein-Westfälischer Städte- und Gemeindebund, Düsseldorf

Norbert Göbel
Ltd. Stadtbaudirektor, Städtisches Tiefbauamt, Freiburg i. Br.

Dr. Busso Grabow
Deutsches Institut für Urbanistik, Berlin

Dr. Hans Haupt
Leiter der Abteilung Absatzwirtschaft des Deutschen Industrie- und Handelstages (DIHT), Bonn

Hubert Heimann
Leiter des Amts für Stadtentwicklung und Wirtschaftsförderung, Solingen

Dr. Heinz Hermanns
Stellv. Hauptgeschäftsführer der Industrie- und Handelskammer (IHK) Köln

Dr. Rainer Kahnert
Betreuer des Forschungsfeldes "Städtebau und Wirtschaft" im Experimentellen Wohnungs- und Städtebau des Bundesministeriums für Raumordnung, Bauwesen und Städtebau, Bonn

Dr. Dieter Kanzlerski
Bundesanstalt für Landeskunde und Raumordnung (BfLR), Bonn

Ulrich Kegel
Leiter des Amtes für Stadtentwicklung, Braunschweig

Robert Kläsener
Direktor der Bauabteilung, Karstadt AG, Essen

Klaus Kosakowski
Niederlassungsleiter der Rewe-Handelsgesellschaft Leibbrand oHG, Berlin

Dr. Gerd Kühn
Deutsches Institut für Urbanistik, Berlin

Prof. Eberhard Kulenkampff
Senatsdirektor a.D., Bremen

Dr. Rolf-Peter Löhr
Mitglied der Institutsleitung des Deutschen Instituts für Urbanistik, Berlin

Prof. Dr. Rolf Monheim
Universität Bayreuth

Karl-Heinz Niehüser
Hauptgeschäftsführer der Hauptgemeinschaft des Deutschen Einzelhandels e.V. (HDE)

Gerd Rathmayer
City-Management-Gesellschaft für kommunales und gewerbliches Marketing (CIMA), München

Konrad Roesler
Prognos AG, Basel

Hermann Rückl
Fa. Ludwig Beck, Vizepräsident der Industrie- und Handelskammer München

Prof. Dr. Dieter Sauberzweig
Leiter des Deutschen Instituts für Urbanistik, Berlin

Johannes Schnermann
ECE-Projektmanagement GmbH, Hamburg

Manfred Sinz
Leiter der Abteilung "Information" der Bundesforschungsanstalt für Landeskunde und Raumordnung (BfLR), Bonn

Christiane Thalgott
Stadtbaurätin, Kassel

Prof. Dr. Volker Trommsdorff
Wissenschaftlicher Direktor der Forschungsstelle für den Handel, Technische Universität Berlin

Paul-Heinz Vogels
Direktor der Gesellschaft für Markt- und Absatzforschung, Ludwigsburg

Thomas Werz
Abteilung Städtebau und Verkehr der Bundesarbeitsgemeinschaft der Mittel- und Großbetriebe des Einzelhandels e.V. (BAG), Köln

Dr. Irene Wiese-von Ofen
Leiterin des Stadtplanungsamtes, Essen

Verzeichnis der Teilnehmer

Peter Appel
Büro für Stadt- und Verkehrsplanung Dr. Reinhold Baier GmbH, Aachen

Dieter Baum
Planungsamt Oberhausen

Sabine Baumgart
Büro Baumgart/Pahl-Weber, Hamburg

Stefan Beil
Bauakademie der DDR, Institut für Städtebau und Architektur, Berlin

Wolfgang Benesch
Wirtschaftsförderungsgesellschaft Paderborn

Birgit Blaich-Niehaus
Institut für Verkehrswirtschaft Straßenwesen und Städtebau, Universität Hannover

Dr. Werner Brög
Socialdata, Gesellschaft für Verkehrs- und Infrastrukturforschung mbH, Berlin

Dr. Helmut Bunge
Geschäftsführer der Forschungsstelle für den Handel, Berlin

Horst Büsing
Geschäftsführer Center-Betreuung, Firma CBB Horst Büsing GmbH, Hilden

Peter Collier
Geschäftsführer des Landesverbandes des Bayerischen Einzelhandels e.V., Bezirk Unterfranken, Würzburg

Bernhard Dauerer
Amt für Stadtentwicklung und Wirtschaftsförderung, Regensburg

Dieter Dellhofen
Gesellschafter der Gesellschaft für Stadtmarketing und Imagepflege mbH (GSI), Köln

Jochen Dieckmann
Beigeordneter des Deutschen Städtetages, Köln

Iris Dilba
Stadtplanungsamt Lübeck

Dietrich Engmann
Geschäftsführer der Industrie- und Handelskammer, Ulm

Erhard Fehres
Senatsverwaltung für Wirtschaft, Berlin

Hannes Feneberg
Kempten

Franz W. Fickel
Ressortdirektor, GfK-Marktforschung GmbH & Co. KG, Abteilung Regionalforschung, Nürnberg

Rolf Finke
Ltd. Städt. Baudirektor, Solingen

Hartmut Fischer
Stadtverwaltungsdirektor, Amt für Stadtsanierung, Mainz

Johann Bernhard Fisser
Amt für Verkehrs- und Wirtschaftsförderung, Bocholt

Manfred Fleischer
Objektplanungsleiter, Kaiser's Kaffee Geschäft AG, Berlin

Rolf Fußhoeller
Techn. Beigeordneter, Geldern

Dr. Hans-Peter Gatzweiler
Leiter der Abteilung "Forschung" der Bundesforschungsanstalt für Landeskunde und Raumordnung (BfLR), Bonn

Thomas Gawron
Institut für Landes- und Stadtentwicklungsplanung NRW, Forschungskoordination, Dortmund

Rüdiger Geisler
Objektplanung, co op Handels AG, Absatzgebiet Berlin, Berlin

Ernst Giesen
Beigeordneter, Nordrhein-Westfälischer Städte- und Gemeindebund, Düsseldorf

Norbert Göbel
Ltd. Stadtbaudirektor, Städtisches Tiefbauamt, Freiburg i. Br.

Dr. Jens-Holger Göttner
Stadtdirektor, Garbsen

Dr. Busso Grabow
Deutsches Institut für Urbanistik, Berlin

Franz-Josef Greve
Geschäftsführer, Einzelhandelsverband Krefeld-Kempen-Viersen e.V., Krefeld

Herr Griese
Ökonomisches Forschungszentrum für den Binnenhandel, Berlin (DDR)

Dieter Grünewald
Amt für Stadtsanierung, Mainz

Harald Güther
Bauakademie der DDR, Institut für Städtebau und Architektur, Berlin

Dr. Theodor Haag
Stadtrechtsdirektor, Ludwigsburg

Handel- und Gewerbeverein, N.N.

Dr. U. Hatzfeld
Hatzfeld-Junker Stadtforschung/Stadtplanung GmbH, Dortmund

Dr. Hans Haupt
Leiter der Abteilung Absatzwirtschaft des Deutschen Industrie- und Handelstages (DIHT), Bonn

Hubert Heimann
Leiter des Amtes für Stadtentwicklung und Wirtschaftsförderung, Solingen

Martina Helten
Berlin

Dr. Heinz Hermanns
Stellv. Hauptgeschäftsführer der Industrie- und Handelskammer zu Köln, Köln

Horst Hirschmüller
Stadtplanungsamt Ludwigshafen

Hans-Georg Hoch
Amt für Wirtschaft und Liegenschaften, Remscheid

Klaus Höhn
Wirtschaftsförderung Lippstadt GmbH, Lippstadt

Hans Herbert Hofmann
Baudirektor, Stadtplanungsamt Nürnberg

Dr. Siegfried Honert
Stadtdirektor, Langenfeld

Gunther Horn
Stadtplanungsamt Karlsruhe

Dr. Dieter Hotz
Leiter des Amtes für Wirtschaftsförderung und Liegenschaften, Detmold

Michael Houx
Planungsamt Oberhausen

Werner Hühne
Stadtdirektor, Wolfenbüttel

Industrie- und Handelskammer, Mittlerer Neckar, Sitz Stuttgart, N.N.

Cornelia Irle
Stadtamt für Angelegenheiten des Oberstadtdirektors, Dortmund

Irene Janys
Bezirksamt Harburg, Freie und Hansestadt Hamburg

Rolf Junker
Hatzfeld-Junker GmbH, Stadtforschung/Stadtplanung, Dortmund

Christian Kadelbach
Gesellschafter, Most KG, Sarstedt

Dr. Rainer Kahnert
Betreuer des Forschungsfeldes "Städtebau und Wirtschaft" im Experimentellen Wohnungs- und Städtebau des Bundesministeriums für Raumordnung, Bauwesen und Städtebau, Bonn

Dr. Dieter Kanzlerski
Bundesforschungsanstalt für Landeskunde und Raumordnung (BfLR), Bonn

Ulrich Kegel
Leiter des Amtes für Stadtentwicklung, Braunschweig

Roland Kern
Beigeordneter, Speyer

Günter Klatt
Stadtplanungsamt Salzgitter

Robert Kläsener
Direktor der Bauabteilung, Karstadt AG, Essen

Hermann Klein
Baurat, Referat für Stadtentwicklung, Braunschweig

Rolf Kluthe
Zweckverband Raum Kassel

Dr. Bernd Knop
Ministerium für Stadtentwicklung, Wohnen und Verkehr des Landes NRW, Düsseldorf

H.-Dieter Koch
Unternehmensberater, Berlin

Peter Konermann
Stellv. Geschäftsführer des Einzelhandelsverbandes Osnabrück-Emsland e.V., Osnabrück

Klaus Kosakowski
Niederlassungsleiter Berlin der Rewe-Handelsgesellschaft Leibbrand oHG, Berlin

Günther Kreuch
Amt für Wirtschaft und Verkehr, Nürnberg

Henrik Krieger
Amt für Stadtentwicklung, Kassel

Prof. Eberhard Kulenkampff
Senatsdirektor a.D., Bremen

Reginald Kunzelmann
Stadtplanungsamt Backnang

Claus Labonté
Referent Abteilung Handel, Industrie- und Handelskammer (IHK), Berlin

Walter Lenfers
Geschäftsführer des Einzelhandelsverbandes Osnabrück-Emsland e.V., Osnabrück

Dieter Löffler
Baurechtsamt, Ostfildern

Dr. Rolf-Peter Löhr
Mitglied der Institutsleitung des Deutschen Instituts für Urbanistik, Berlin

Peter Luther
Institut für Stadtforschung und Strukturpolitik GmbH, Berlin

Wilfried zu Lynar
Institut für Stadtforschung und Strukturpolitik GmbH, Berlin

Fritz Menz
Bauakademie der DDR, Institut für Städtebau und Architektur, Berlin

Dr. Miodek
Amt für Wirtschaftsförderung, Mannheim

R. Mölbert
Einzelhandelsverband Krefeld-Kempen-Viersen e.V., Krefeld

Prof. Dr. Rolf Monheim
Universität Bayreuth

Bernd Neidhart
Baureferat, Neu-Ulm

Nikolaus Neugebauer
Marktkauf GmbH, Zentralverwaltung, Bielefeld

Bernhard Neuhoff
Wirtschaftsförderung Lippstadt, Lippstadt

Peter zur Nieden
Amt für Stadtentwicklung und Statistik, Trier

Karl-Heinz Niehüser
Hauptgeschäftsführer der Hauptgemeinschaft des Deutschen Einzelhandels e.V. (HDE), Köln

Olaf Nietiedt
Verwaltungsleiter, Einzelhandelsverband Westfalen-Mitte e.V., Unna

Klaus Otto
Geschäftsführer, Einzelhandelsverband Leverkusen-Solingen e.V., Solingen

Michael Pohle
Amt für Umweltschutz und Stadtentwicklung, Reinbek

Heinz Prinz
Geschäftsführer der ECON-Consult, Wirtschafts- und Sozialwissenschaftliche Beratungsgesellschaft mbH, Köln

Dieter Puhlmann
Leiter der Abteilung Handel, Industrie und Handelskammer (IHK), Berlin

Dr. Werner Raabe
Berlin

Stefan Rastetter
Bereichsleiter, Amt für Wirtschaftsförderung, Karlsruhe

Gerd Rathmayer
City-Management-Gesellschaft für kommunales und gewerbliches Marketing (CIMA), München

Wilfried Reinhardt
Prisma-Institut GmbH, Hamburg

Konrad Roesler
Prognos AG, Basel

Winfried Röther
Rechtsanwalt, Einzelhandelsverband Koblenz Montabaur e.V., Koblenz

Ulrike Rohr
Amt für Stadtentwicklung, Siegen

Dr. Gerd Rojahn
Warsteiner Wirtschaftsförderungsgesellschaft mbH, Warstein

Dr. Bernhard Roth
Leiter des Amts für Wirtschaftsförderung, Münster

Dr. Petra Rothholz
Hauptgeschäftsführerin, Gesamtverband des Einzelhandels e.V., Berlin

Hermann Rückl
Fa. Ludwig Beck, Vizepräsident der Industrie- und Handelskammer (IHK), München

Prof. Dr. Dieter Sauberzweig
Leiter des Deutschen Instituts für Urbanistik, Berlin

Holger Schach
Amt für Stadtentwicklungsplanung, Köln

Hans-Joachim Schenkhoff,
Regierungsdirektor, Regierung von Unterfranken, Würzburg

Manfred Schier
Leiter des Amts für Stadtentwicklung, Flensburg

Roland Schiller
Stadtplanungsamt Salzgitter

Gustav Schlotte
Geschäftsführer, Einzelhandelsverband Krefeld-Kempen-Viersen e.V., Krefeld

Stephan Schmickler
Stadtbaurat, Goch

Herr Schmidt
Forschungsstelle für den Handel e.V., Berlin

Johannes Schnermann
ECE-Projektmanagement GmbH, Hamburg

Friedhelm Scholten
Geschäftsführer des Einzelhandelsverbandes Kreis Mettmann e.V., Velbert

Winfried Schreckenberg
Berlin

Holger Schlienz
Einzelhandelsverband Baden-Württemberg e.V., Stuttgart

Eckhard Schmitz
Stadtplanungsamt Reutlingen

Michael Schweizer
Bauakademie der DDR, Institut für Städtebau und Architektur, Berlin

Manfred Sinz
Leiter der Abteilung "Information" der Bundesforschungsanstalt für Landeskunde und Raumordnung (BfLR), Bonn

Ulrich Skupin
Amt für Verkehrs- und Wirtschaftsförderung, Bocholt

Karlheinz Soppe
Bauoberrat, Bückeburg

Rolf Spannagel
Forschungsstelle für den Handel e.V., Berlin

Johannes Stolz
Leiter der Zentralstelle des Bürgermeisteramts, Ulm

Rainer Stolz
Stadtamtsrat, Tübingen

Karl-Richard Stürzebecher
Standortplaner, Otto Reichelt GmbH, Berlin

Hartwig Täubert
Edeka Handelsgesellschaft Berlin mbH, Berlin

Christiane Thalgott
Stadtbaurätin, Kassel

Herr Thormann
Ökonomisches Forschungszentrum für den Binnenhandel, Berlin (DDR)

Dr. Dagmar Tille
Wiss. Mitarbeiterin, Institut für Städtebau und Architektur, Bauakademie der DDR, Abteilung Wohngebiete, Berlin

Dr. Karl-Joachim Trede
Leiter des Amtes für Wirtschafts- und Verkehrsförderung, Kiel

Peter Treu
Referat für Wirtschaftsförderung, Lüdenscheid

Prof. Dr. Volker Trommsdorff
Wissenschaftlicher Direktor der Forschungsstelle für den Handel, Technische Universität Berlin

Michael Voigt
URBANA, Gesellschaft für Projektberatung und Marktforschung mbH, Göttingen

Paul-Heinz Vogels
Direktor der Gesellschaft für Markt- und Absatzforschung, Ludwigsburg

Dr. Henning Walcka
Institut für Kommunalwissenschaften, Konrad-Adenauer-Stiftung e.V., St. Augustin

Wolfgang Weigel
Bauakademie der DDR, Institut für Städtebau und Architektur, Berlin

Birgit Welge
Amt für Wirtschaftsförderung, Speyer

Bernhard Wellmann
Marktkauf GmbH, Zentralverwaltung, Bielefeld

Thomas Werz
Abteilung Städtebau und Verkehr der Bundesarbeitsgemeinschaft der Mittel- und Großbetriebe des Einzelhandels e.V. (BAG), Köln

Gerd Wessel
Bauakademie der DDR, Institut für Städtebau und Architektur, Berlin

Dr. Walter Wichmann
Stellv. Hauptgeschäftsführer des Bundesverbandes der Filialbetriebe und Selbstbedienungs-Warenhäuser (BFS) e.V., Bonn

Dr. Irene Wiese-von Ofen
Leiterin des Stadtplanungsamts, Essen

Arnold Willnat
URBANA, Gesellschaft für Projektberatung und Marktforschung mbH, Göttingen

Bärbel Winkler
Institut für Stadtforschung und Strukturpolitik, Berlin

Herr Wölk
Forschungsstelle für den Handel e.V., Berlin

Eric Wollesen
Stadtverwaltung Lippstadt

Birgitta Wriede
Göttingen

Anton Zellhan
Wirtschaftsamt, Direktorium, München

Zum gleichen Thema ist erschienen:

Kleinräumige Einzelhandelsentwicklung im Städtevergleich
Aussagefähigkeit der Handels- und Gaststättenzählung für die Städte
Von Busso Grabow, Beate Hollbach, Klaus Mittag
Unter Mitarb. von Christa Knopf
1990. 196 S., 27 Abb., 16 Tab., 6 Übersichten, 2 Ktn. DM 38,–
ISBN 3-88118-155-5

Veröffentlichungen des Deutschen Instituts für Urbanistik

☐ Aktuelle Reihe

Das geschichtliche Bild der Städte
Großstadt und Denkmalpflege
Hrsg. von Claus-Peter Echter
1991. 182 S., 91 Abb. DM 56,–
ISBN 3-88118-150-4

Lokale Innovations- und Technologiepolitik
Ergebnisse einer bundesweiten Erhebung
Von Busso Grabow, Hans Heuer, Gerd Kühn
Unter Mitarbeit von Monika Faltermeier
1990. 252 S., 55 Abb., 40 Tab., 22 Übersichten, 6 Ktn. DM 37,–   ISBN 3-88118-163-6

Technik, Zeit und Binnenmarkt
Die Region Nürnberg im Strukturwandel
Von Dietrich Henkel, Christian Diller, Jörg Hohmeier, Nizan Rauch
1990. 237 S., 76 Tab., 13 Schaub., 7 Ktn., 2 Übersichten. DM 38,–   ISBN 3-88118-164-4

Stadtverträgliche Verkehrsplanung
Chancen zur Steuerung des Autoverkehrs durch Parkraumkonzepte und -bewirtschaftung
Von Dieter Apel, Michael Lehmbrock
1990. 360 S., 45 Tab., 37 Abb., 18 Fotos.
DM 52,–   ISBN 3-88118-162-8

Luftreinhaltung in den Städten
Rahmenbedingungen und Elemente einer kommunalen Luftreinhalteplanung
Von Karl-Heinz Fiebig, Ajo Hinzen, Gerd Ohligschläger
1990. 176 S., 23 Abb., 12 Tab., 11 Übersichten.
DM 26,–   ISBN 3-88118-160-1

☐ Arbeitshilfen

Kommunale Umweltschutzberichte
Arbeitshilfe 6
Fortschreibung
1987–89. Ca. 1000 S., Abb., Tab., Übersichten
Loseblattausg. Inkl. Ordner DM 98,–
ISBN 3-88118-128-8 (Fortschr. 1987–89)

☐ Dokumentationsserien

Kommunalwissenschaftliche Dissertationen
Bearb.: Klaus M. Rarisch
Erscheint jährlich
Einzelband   DM 35,–
Abonnement DM 30,–
ISSN 0340-1170

Graue Literatur zur Orts-, Regional- und Landesplanung
Gutachten, Forschungs- und Planungsberichte
Bearb.: Michael Bretschneider, Christel Fuchs
Erscheint halbjährlich
Einzelband   DM 35,–
Abonnement DM 60,-
ISSN 0340-112 X

☐ Sonderdokumentationen

Umweltgutachten im Auftrag der Gemeinden
Dokumentation von Forschungsberichten, Gutachten und Planungsunterlagen
Bearb.: Udo Krause, Michael Lehmbrock
1989. 383 S. DM 52,–
ISBN 3-88118-141-5

Veröffentlichungen des Deutschen Instituts für Urbanistik

☐ Schriften

Stadtentwicklung und Strukturwandel
Einschätzungen kommunaler und außerkommunaler Entscheidungsträger
Von Werner Heinz
Unter Mitarb. von Heiner Janssen
Bd. 82. 1990. 317 S. DM 68,–
ISBN 3-17-011045-4

Zeitstrukturen und Stadtentwicklung
Von Dietrich Henckel, Busso Grabow, Heidrun Kunert-Schroth, Erwin Nopper, Nizan Rauch
Unter Mitarb. von Birgit Hoffmann, Jörg Hohmeier, Christa Knopf
Bd. 81. 1989. 273 S., 46 Tab., 18 Schaub., 12 Übersichten. DM 52,– ISBN 3-17-010591-4

Arbeitszeit, Betriebszeit, Freizeit – Auswirkungen auf die Raumentwicklung
Grundlagen und Tendenzen
Hrsg. von Dietrich Henckel
Bd. 80. 1988. 203 S., 16 Tab., 25 Schaub., 2 Übersichten. DM 49,– ISBN 3-17-009880-2

Die Erhaltung der städtischen Infrastruktur
Analysen - Finanzbedarf - Strategien
Von Michael Reidenbach, Gerd Kühn
Bd. 79. 1989. 174 S., 37 Abb., 25 Tab., 3 Übersichten. DM 52,– ISBN 3-17-009879-9

Moderne Stadtgeschichtsforschung in Europa, USA und Japan
Ein Handbuch
Hrsg. von Christian Engeli, Horst Matzerath
Bd. 78. 1989. 559 S. DM 89,–
ISBN 3-17-009645-1

Umrisse einer kommunalspezifischen Besteuerungssystematik
Darstellung – Begründung – Anwendung
Von Paul Marcus
Bd. 77. 1986. 231 S., 5 Abb., 29 Tab., 5 Übersichten. DM 52,– ISBN 3-17-009644-3

Produktionstechnologien und Raumentwicklung
Von Dietrich Henckel, Busso Grabow, Christa Knopf, Erwin Nopper, Nizan Rauch, Wolfgang Regitz
Bd. 76. 1986. 250 S., 34 Tab., 25 Übersichten, 31 Schaub., 1 Kt. DM 28,–
ISBN 3-17-009398-3

Landesplanung in Berlin-Brandenburg
Eine Untersuchung zur Geschichte des Landesplanungsverbandes Brandenburg-Mitte 1929–1936
Von Christian Engeli
Bd. 75. 1986. 157 S., 2 Abb., 3 Tab., 9 Ktn., 3 Übersichten. DM 55,– ISBN 3-17-009278-2

Kommunalpolitik und Industrialisierung
Die Entfaltung der städtischen Leistungsverwaltung im 19. und frühen 20. Jahrhundert
Fallstudien zu Dortmund und Münster
Von Wolfgang R. Krabbe
Bd. 74. 1985. 397 S., 22 Tab. DM 48,–
ISBN 3-17-008898-X

Die Gemeindeordnungen und die Kreisordnungen in der Bundesrepublik Deutschland
Mit Einführung, Bibliographie, Register und ergänzenden Rechtsvorschriften
Bearb. von Gerd Schmidt-Eichstaedt, Isabell Stade, Michael Borchmann
Bd. 47. 1.–16. Lfg. 1975–1990. Ca. 1000 S. Loseblattausg. Inkl. Ordner DM 108,–
ISBN 3-17-005881-1
17. Lfg. in Vorbereitung